プライベートバンクは、富裕層に何を教えているのか？

その投資法と思想の本質

冨田和成

ダイヤモンド社

はじめに――日本人は1億円の壁で分けられる

京都ホテルオークラの謎の一室

京都の河原町《かわらまち》通と御池《おいけ》通の交差点にそびえたつ、日本屈指の名門ホテル「京都ホテルオークラ」。

エレベーターで6階に上がると、ひと気はほとんどありません。異様なほどの静寂に包まれているVIP専用フロアです。

まっすぐ伸びる廊下の左右にあるのは、本格的な京料理が堪能できる高級和食の「入舟」と、室内プールを完備した会員制のフィットネスクラブのみ。他に目立つものは南端のエレベーターホールの脇にある結婚式の衣装室くらい。

しかし、もう1つ謎の扉が衣装室の向かい側にあります。

一見すると高級バーの入口のように見えますが、通路にメニュー台が置いてあるわけでもありません。金色のプレートに「ＮＯＭＵＲＡ」と書かれたシンプルな看板が掲げられているので、かろうじてテナントであることはわかります。しかし、６階の通路にあるフロアマップを見ても、その謎の部屋の正体は明かされていません。

その部屋の借主は野村證券です。

正式名称は「野村證券プライベートバンキング京都オフィス」。オフィスというよりラウンジといったほうがいいこの施設が真価を発揮するのは、祇園祭のとき。

ホテルのある交差点は祭りの山場の山鉾《やまぼこ》巡行と花傘行列が両方通るルート上にあり、しかも、その交差点で行列が曲がるために鉾《ほこ》の「辻回し」が見物できる最高のロケーション。祭りの当日には、行列を一目見ようと、真夏の炎天下に多くの観光客が集中する超人気スポットです。

プライベートバンキング京都オフィスはその交差点を一望できる場所にあるため、冷房が効いた部屋でキンキンに冷えたシャンパンなどを飲みながら、文字通りの「高みの見物」ができます。当日はプライベートバンクの顧客、ならびに野村證券の主要取引先企業の社長、副社長、専務クラスが招待されます。

ちなみに日本人の富裕層が多く住むシンガポールのプライベートバンクでは、Ｆ１の時期になるとレース観戦の特等席を用意して、今後、取引を活発にしてほしい経営者などを招待し、顧客との関係を深めるという涙ぐましい努力をしています。

発想は祇園祭と同じで、顧客との良好なリレーションを築くためだけに、それだけの「おまけ」を用意するのです。

富裕層専門の金融機関、プライベートバンク

プライベートバンクとは自社の審査を通った富裕層だけにサービスを提供する金融機関の精鋭部隊のことで、海外にはプライベートバンクを専業でおこなっている会社もあります。

野村證券は日本の金融機関としては最大規模のプライベートバンク部門を有しており、四条通にある京都支店とは別に、このようなＶＩＰ専用のオフィスを構えているのです（このほかに京都南禅寺近くにある野村徳七の別邸「碧雲荘《へきうんそう》」も、国内外の超ＶＩＰの接待などで使われています）。

野村證券のプライベートバンク部門（別名ウェルス・マネジメント部門）の顧客になる最低ラインは、**現金や有価証券といったいわゆる流動資産で1億円以上**。自社株や不動産を含む場合はさらに上のバーも用意されています。

つまり本当のお金持ちしか相手にしません。

図0-1 保有資産規模の階層別にみた日本の世帯数

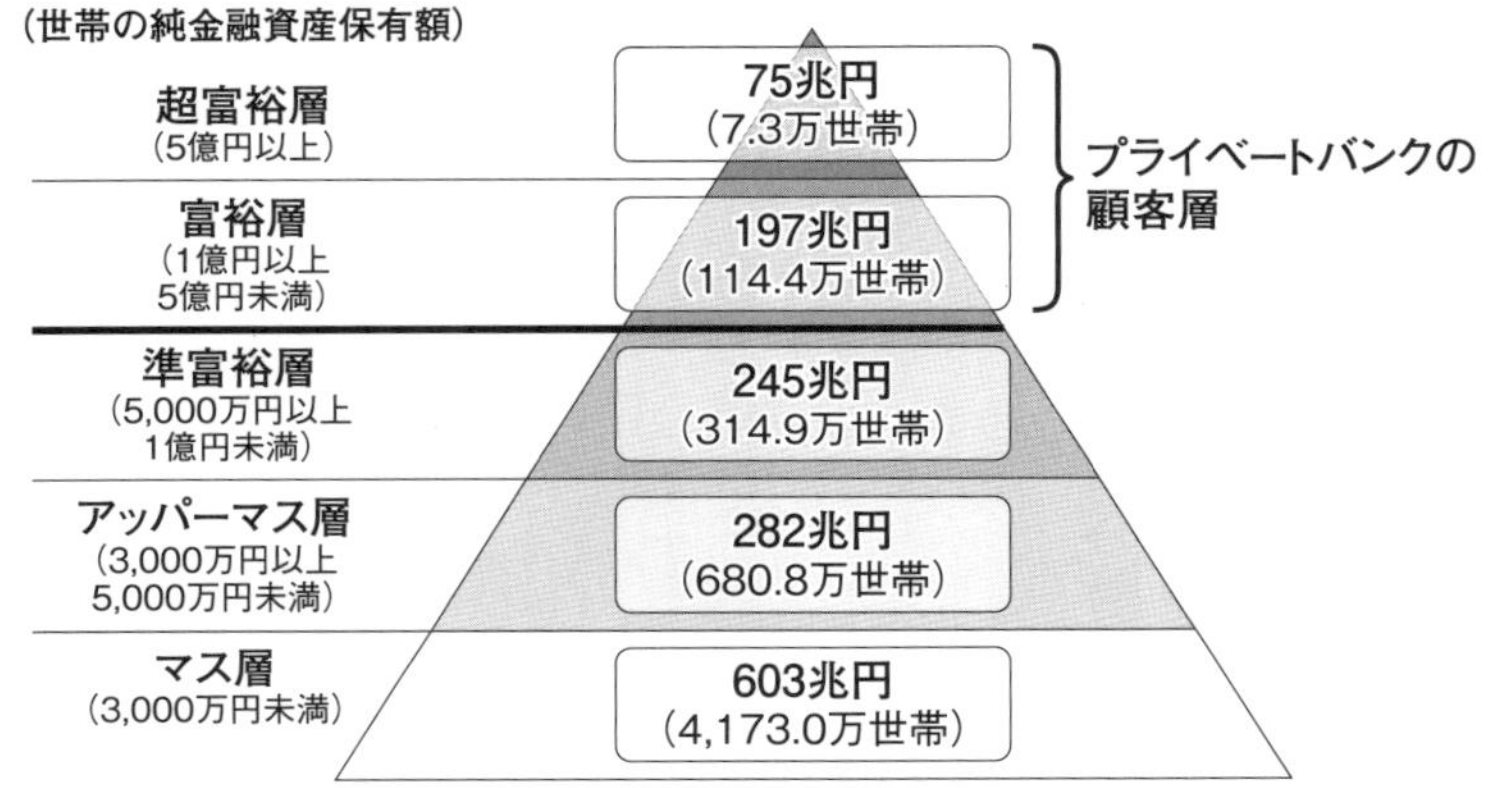

出所：野村総合研究所 NEWS RELEASE（2016年11月28日）より著者加工

国内外のプライベートバンク各社が積極的に営業攻勢をかけ始める最低ラインも1億円（海外の場合は100万ドル）で、よりエグゼクティブな層をターゲットとするプラベートバンクになると、2億円以上、10億円や50億円以上といったケースもあります。

野村総合研究所（NRI）では日本で純金融資産が1億円を超える世帯を「富裕層」と呼び、2015年の調査ではその数は114・4万世帯、5億円を超える「超富裕層」は7・3万世帯としています（純金融資産とは、全金融資産から借り入れ部分を引いた資産のこと）。割合でいえば富裕層が2・16%、超富裕層が0・14%です。

プライベートバンク各社はこの上位わずか2・3%の富裕層を取り込むために、苛烈な争奪戦を繰り広げているのです。

精鋭部隊による資産管理と運用

プライベートバンクというくらいですから、専門は資産管理であり、運用です。

一般的な顧客を相手にするマスリテールとの最大の違いは、マスリテールの目的は多くのケースで「部分的なニーズに対して商品を売ること」なのに対して、プライベートバンクの目的は顧客の資産状況や要望に応じて「包括的な資産運用の提案と実行を担うこと」。

顧客の資産を数億円から場合によっては数千億円単位で預かり、中長期的な視野に立ってその運用方法をプライベートバンクが検討し、提案し、実行していきます。

その提案や運用は、当然ながら営業担当（プライベートバンカー、もしくはリレーションシップマネージャー）が1人でおこなうのではなく、専用のチームが担当します。

そのチームには資産配分を考える超一流のポートフォリオマネージャーもいれば、商品を選定するプロダクトスペシャリスト、世界経済やマーケットの動向を分析するプライベートバンク専属のアナリスト、さらに税務や法務の専門家もいます。

また、日本人の富裕層にとっては資産をいかに減らさないかも大きな関心事ですから、資産の最適化を図るために外部の弁護士事務所や税務・会計事務所と組んで法律や税金対策のアドバイスもおこなっています。

プライベートバンク部門は金融業界のリテール部門における花形であり、一握りの精鋭だけしか担当できません。そんな選りすぐりのメンバーが、顧客1人1人のために膝を突き合わせて資産形成の最適な戦略を必死に考えてくれる。なんとも贅沢な話です。

さらに、日本の富裕層ビジネスは急成長の真っ只中にあるため、各社の競争も激しくなっています。

その結果何が起きているかというと、各社は競合相手に勝つためにより知恵を絞り、より特別待遇をしようと努力をするので、「提案の質が上がり、手数料が下がる」という富裕層にとって理想的な展開になっているのです。

つまり、純金融資産1億円（海外だと100万ドル）を突破するかどうかで、まるで車のギアを1段、2段上げるかのように金融機関の対応が変わるということ。そして場合によってはそこでレバレッジがかかって資産が新たな資産を生む仕組みが構築され、さらに資産の格差が広がる可能性を高めている、ともいえるのです。

明確に存在する「1億円の壁」

「1億総中流」という言葉があるように、私たち日本人が普段、生活を送っているなかで明らかな差別を感じる機会は少ないと思います。

でも実は京都オークラのＶＩＰルームのように、特権的な世界は若干カモフラージュされているだけで、存在していないわけではありません。**特に金融業界における「1億円の壁」は純然と存在し、そこを突破するかしないかで扱いが変わり、見える世界も変わります。**そして多くの人はそのことを知りません。

でも考えてみれば、世の中には資産に応じた「見えざる壁」がたくさん存在します。会員制のゴルフ場もそう、空港のファーストクラスのラウンジもそう、超高級リゾートホテルもそうです。資本主義の社会である限り、こうした壁は今後も存在し続けることでしょう。

その象徴的な壁の1つが、富裕層と非富裕層を分ける「1億円の壁」。本書では、その壁の向こう側にある世界をぜひ知っていただきたいと思います。

富裕層ビジネスにおける私の経歴

一企業の経営者である私にプライベートバンクを語る資格があるのかと思われる方もいらっしゃると思うので、簡単に私の経歴を紹介させてください。

私は２０１３年に金融情報を発信するメディア「ZUU online」を立ち上げるまで、野村證券のプライベートバンク部門に在籍していました。

新卒で配属されたのは東京の支店営業で、そこではルートセールスには目もくれず、ひたすら経営者の新規開拓に明け暮れました。顧客のニーズを丁寧にすくって、そのつど、最適なソリューションを提案していく営業スタイルだったので、いま振り返れば限りなくプライベートバンカー的な営業マンだったと思います。

その実績が評価され、入社4年目には史上最年少で本社のプライベートバンク部門に異動。先ほどの京都オフィスにも何度か訪れたことがあります。

さらにそこから世界で唯一ウェルスマネジメント（資産管理）の修士号が取得できるシンガポールのビジネススクールに通わせてもらい、プライベートバンカーとしての業務と並行して、世界中の富裕層ビジネスの調査や東南アジアの富裕層の開拓などに没頭する日々を過ごしました。シンガポールでプライベートバンカーとして活動できる現地の資格も取得しています。

起業後は、僭越《せんえつ》ながら日本の各金融機関の幹部に対して富裕層ビジネスの助言をおこなったり、プライベートバンカー向けの教育プログラムで講演する機会も頂戴しています。また最近では会社が急成長していることもあり、逆にプライベートバンカーたちから営業をかけられる立場にもなりました。

そういった意味で、さまざまな角度から、プライベートバンクならびに富裕層の実態を語ることができるのではないかと思います。

本書の4つの目的

本書の目的は4つあります。

1つ目は、**「1億円の壁」の向こう側にいる富裕層の実態をつまびらかにすること**（第1章）。一言で富裕層といってもいくつかのパターンに分けられることを知っていただきたいと思います。

2つ目は、そんな富裕層が利用している**プライベートバンクについて正しい理解をしていただくこと。**世間がプライベートバンクに抱きがちな「怪しい」「謎めいている」というイメージを払拭すると同時に、顧客に対して実際にどのような「特権」を用意しているのか知っていただきます（第2章）。また、**富裕層とプライベートバンクがどうやって接点を持つのか**についても触れておきます（第3章）。

特に日本は富裕層ビジネスが後発のため、成長の余地がまだまだあります。プライベートバンクの利用に興味のある方や、富裕層ビジネスへの参入を検討されている方にも参考になると思います。

3つ目は、**プライベートバンクが顧客に対して金融リテラシー教育の一環としてアドバイスをすることが多い事柄を、「資産運用の10原則」という形で説明します**（第4章）。資産運用をおこなうにあたっての根本的な部分になるので、多くの方にとって参考になるかと思います。また、**プライベートバンクが提供している富裕層限定の金融商品にはどのようなものがあるのか**についても解説します（第5章）。

4つ目は、オークラのVIPルームのように「1億円の壁」には超えられないものが一部あることを認めたうえで、資産運用については知識や心構え次第で、**プライベートバンクが富裕層に提供するものと実質的に同じ価値をもつ方法がある**と理解していただくこと（第6章）。第5章で紹介する富裕層限定商品の代替になるような投資手法をたくさん紹介しますので、みなさまの資産形成の一助になれば幸いです。

では早速、「1億円の壁」の扉を開けてみることにしましょう。

プライベートバンクは、富裕層に何を教えているのか？
その投資法と思想の本質

目次

第2章 知られざるプライベートバンクの世界

第3章 富裕層とプライベートバンクはこうしてつながる

第4章 プライベートバンクが教える資産運用の10原則

第5章 プライベートバンクが教える富裕層向けの資産運用法

第6章

私たちにもできるプライベートバンクの資産運用法

第1章

プライベートバンクを利用する富裕層の実態

多い？ 少ない？ 日本の富裕層は50世帯中1軒

野村総合研究所（NRI）の調査によると、日本の純金融資産1億円以上の富裕層、および超富裕層（同5億円以上）は全世帯の2・3％。町内に家が50軒あったとすれば、そのうちの1軒が「1億円の壁」を突破していることになります。

これを多いと見るか少ないと見るかは人それぞれでしょうが、保有資産の規模で見ると、富裕層と超富裕層の資産は合計272兆円。これは全体の19・4％にもなります。つまり、50世帯中1軒の世帯が、その町の住民の全資産の2割もを保有しているのです。

富裕層を専門とするプライベートバンクにしてみれば、過剰ともいえるほどの時間とお金とマンパワーを特定の顧客に投入したとしても、その資産の一部でも自社に預け入れてもらうことができれば十分に元が取れるわけです。金融各社が富裕層ビジネスに力を入れる理由がおわかりいただけると思います。

ちなみにボストンコンサルティンググループ（BCG）が2015年におこなった世界の家計金融資産の報告書（Global Wealth 2015 : Winning the Growth Game）では、日本の富裕層世帯は110万世帯。国別の富裕層世帯数では1位が米国で約690万世帯。2位が中国で360万世帯。日本は世界で3番目に富裕層世帯が多い国です。

日本の富裕層を減少させた2つの「リセット」

世界で3番目という事実は誇るべきことですが、人口比で見ると日本の富裕層は決して多いわけではありません。

日本の富裕層世帯率が2％ほどなのに対して、米国の富裕層世帯率は5・5％（アメリカの世帯数と先ほどのBCGのデータから算出）。2倍以上の差がついています。世界一富裕層の世帯率が高いスイスともなると、13・5％。人口比で日本の6倍も富裕層がいる国ということになります。経済規模を考えれば、日本は富裕層が少ない国とすらいえるのです。

その理由は、日本ならではの「2つのリセット」にあります。

1つ目のリセットは、太平洋戦争後にGHQによっておこなわれた財閥解体、農地解放、預金封鎖、財産税の課税といった大改革です。

戦前まで日本の長者番付の上位を占めていた財閥系家族に対しては、企業の解体と株の没収（強制的に安値で放出）をおこないました。また、地主に対しては農作業に適していない山間部を除き、わずか一町歩（3000坪）までの所有を認める以外は全て国が買収し、小作人に譲渡したのです。

さらに、戦後の日本では戦時国債の返済や兵士への恩給を支払うために政府がお金を刷りすぎ、物価が数百倍に膨れ上がるインフレが起きます。このインフレを抑制するために日本政府は銀行の預金を封鎖し、新しい貨幣（新円）を発行しました。そのとき、封鎖された預金から新円で引き出しできる金額は、個人の場合、月額で世帯主３００円、世帯員１人各１００円のみとされたのです。１９４６年の国家公務員の初任給が約５００円ということを考えると、その影響の大きさがよくわかると思います。

また、財産税は１９４６年当時に10万円以上の財産を保有する個人に課せられたもので、その最高税率はなんと90％（保有資産１５００万円以上）に達しました。これにより、旧財閥系家族をはじめとする富裕層の財産は激減してしまうことになります。

以上の結果、当時の日本人の現金資産の多くはいったんリセットされてしまい、結果として富裕層が減少することになったのです。

もう1つの「リセット」は、高すぎる相続税です。

日本で相続税が初めて導入されたのは１９０５年（明治38年）。そして戦後のＧＨＱは財閥解体を目的として相続税の最大税率を90％まで引き上げる法改正をおこないます。

これは農地解放、財産税などと同じく、明らかに富裕層の財産を没収するための税率だったわけですが、サンフランシスコ講和条約によって占領を終えた後も日本の相続税は高いま

図1-1 OECD加盟国の直系相続人に対する資産税率もしくは相続税率トップ10

順位	国名	税率
1	日本	55%
2	韓国	50%
3	フランス	45%
4	イギリス	40%
4	アメリカ	40%
6	スペイン	34%
7	アイルランド	33%
8	ベルギー	30%
8	ドイツ	30%
10	チリ	25%

出所：Tax Foundation "Estate and Inheritance Taxes around the World"（2015年3月）

までになり、2003年の税制改正までは最大で70%もありました。

2003年の税制改正で相続税が最大50%に下げられたときはようやく日本も普通の資本主義国になるのかと期待もされましたが、2015年から55%に引き上げられています。

私たち日本人にとっては、相続税があるのは当たり前だという感覚が一般的だと思います。でも、実は相続税がない国というのは、ざっと挙げるだけでも、イタリア、カナダ、オーストラリア、ニュージーランド、オーストリア、スウェーデン、メキシコ、中国、タイ、マレーシアと、多数あるのです。

米シンクタンクのタックス・ファウンデーションが2015年に発表した各国

の相続税率調査によると、ＯＥＣＤ加盟国の相続税率ランキングで日本の55％は世界1位（図1-1）。ＯＥＣＤ加盟国の単純平均は15％にすぎないそうです。

「富める者が持たざる者を助けるのは当然だ」という意見もあるでしょう。そこを議論するつもりはありません。しかし、世界的に見ても日本はどこまでも富裕層に厳しい国であることは間違いありません。そしてそんな日本に嫌気がさし、海外に移住する富裕層が多くいるのも事実です。

増加傾向にある日本の富裕層

ただ、先ほどのＮＲＩの調査によると日本の富裕層は近年、増加傾向にあります（図1-2）。２０１５年の富裕層および超富裕層の世帯数は２０００年と比べると約46％増加しており、金融資産の総額も60％ほど増加しています。15年という短期間の割には、相当な伸び率です。

この勢いはまだまだ続くと見られ、クレディ・スイスが２０１５年に発表した「グローバル・ウェルス・リポート」によると、日本の富裕層は２１２万人（クレディ・スイスの推計）から、２０２０年には３５９万人に増加すると予測しています。

なぜいま日本で富裕層が増えているのでしょうか？

図1-2 超富裕層・富裕層の保有資産規模と世帯数の推移（2000年～2015年の推計結果）

〈分類〉		2000年	2003年	2005年	2007年	2009年	2011年	2013年	2015年
超富裕層	金融資産（兆円）	43	38	46	65	45	44	73	75
	世帯数（万世帯）	6.6	5.6	5.2	6.1	5.0	5.0	5.4	7.3
富裕層	金融資産（兆円）	128	125	167	189	150	144	168	197
	世帯数（万世帯）	76.9	72.0	81.3	84.2	79.5	76.0	95.3	114.4
合計	金融資産（兆円）	**171**	**163**	**213**	**254**	**195**	**188**	**241**	**272**
	世帯数（万世帯）	**83.5**	**77.6**	**86.5**	**90.3**	**84.5**	**81**	**100.7**	**121.7**

出所：野村総合研究所 NEWS RELEASE（2016年11月28日）をもとに著者作成

ＮＲＩによる推測では、この伸びの要因は「アベノミクス効果による株価上昇」と、「相続者の増加」にあるのでは、としています。

◉株価上昇の要因

株価が上昇すれば株で資産運用をしている人は儲かります。これによって今まで準富裕層（５０００万円以上、１億円未満）だった人が、１億円の壁を突破した可能性は大いにあるでしょう。

また、株価上昇は企業の業績が良い証しです。東京商工リサーチのデータによれば、２０１５年3月期決済で１億円以上の役員報酬を得た人は、開示されているだけで４１１人おり、前年比で50人増加したそうです。

さらに、昨今のベンチャーブームによって、主にインターネットサービス系のベンチャー企業は優れたアイデアとチームを持っていればスケール（規模拡大）しやすい環境になってきており、ＩＰＯやバイアウト（会社の売却）によって富裕層の仲間入りをする起業家は、今後増加していくと予想しています。

◉相続者増加の要因

団塊の世代が被相続人になるようになり、富裕層が増加したことは十分考えられます。仮に10億円の資産を持つ家長が亡くなってその資産が3人の子供たちの家族に承継されたら、相続税を徴収されたとしても富裕層世帯数は3倍に増えます。

また、2015年1月に相続税の最大税率が55％に増加され、さらに基礎控除が下がったことも富裕層にとっては数字以上の意味があったはずです。

そもそも政府は「個人に対しては増税、法人に対しては減税」という方針を公言しています。そして実際に相続税増税という決断を下したことで、「今後も国の財政が厳しくなったら相続税を引き上げてくる可能性がある」と推測した人は多いはず。「今のうちに生前贈与をしておこう」と考える富裕層が出ても不思議ではありません。

また、消費税の引き上げが先延ばしにされ続けている状況も、相続税の増税を示唆する心理的なプレッシャーとして生前贈与に拍車をかけているように思います。

ちなみに生前贈与は、毎年110万円までなら非課税です。その110万円を超えた部分から段階的に贈与税の税率が上がっていき、4500万円を超えると相続税と同じ55％がかかります（厳密に言えば、一般的な贈与は3000万円を超えると55％になりますが、20歳以上の直系卑属への贈与である特例贈与の場合は、4500万円を超えると55％の税率になります）。

これは、富裕層からすれば、110万円をコツコツ30年間贈与していけば1人に対して3300万円分を無税で贈与できるということです。家族が3人いるなら、約1億円の贈与ができてしまいます。

超富裕層ともなると、相続税への影響はたかが知れていると思われるかもしれませんが、たとえば1年に2999万円ずつ何年かにわたり家族に贈与していけば、その場合の贈与税率は45％なので（特例贈与財産用の税率で贈与額が3000万円以下の場合）、相続税と比べると10％ほどの節税効果が出て、なおかつある程度の資産を動かすことができます。

また、亡くなったときの被相続人は配偶者と子供に限定されますが、生前贈与にはそういった制約がないので、かわいい孫に直接贈与できるというメリットもあります。

富裕層の職業トップ3

ランドスケイプの調査によると、日本の富裕層の職業で最も多いのは企業経営者で33・6％。2位が医者で9・5％。そして地主を含む不動産オーナーが7・1％で続くそうです。

これは、私の肌感覚とも一致しています。

ただし、富裕層となる医者は大半が開業医であり、不動産オーナー（いわゆるメガ大家）も不動産事業を営んでいるようなものなので、事実上、富裕層の過半数以上は経営者であるといってもいいでしょう。

普段、私たちが目にする「お金持ち」といえばマスコミで取り上げられる芸能人やスポーツ選手などのいわゆる「セレブ」が多いので華やかさばかりが注目されがちですが、それは実態のごく一部を切り取った話にすぎません。

日本の富裕層のメインストリームである経営者はどのような特徴があり、またどのような課題を抱えているのか。ここからはさまざまなケースに分けて、プライベートバンクを使う富裕層の実態に迫ってみようと思います。

富裕層の実態①

高齢「経営者」の最大の関心事は？

日本の富裕層の3分の1を占める企業経営者。その多くにとっての最大の関心事は事業承継です。特に現在は団塊の世代の経営者が40代の団塊ジュニアに経営権を引き継ぐケースが増えているので、相続ビジネスは活況を呈しています。

事業承継において想定される2大課題は「後継者の確保・育成」と「後継者への自社株の移転」。1、2代目の企業オーナーの典型的な資産構成は半分くらいが自社株で、3割くらいが不動産です。しかし、自社株も不動産も現金化しづらいものなのに相続税は現金で払わないといけません。これが富裕層にとって厄介なことなのです。

事業を承継したい企業オーナーにとって、資産運用は贅沢な暮らしをするためではなく、「家族のために相続税の納付金をいかに確保するか」に収斂《しゅうれん》されるといっていいのです。

何も対策を講じないと、後継者に十分な金融資産（現金や流動性の高い株など）がないので、相続税を支払うために親から引き継いだ自社株を泣く泣く売却するという最悪の事態が起きかねません。

事業承継はプライベートバンクが得意とすることです。詳しくは第3章で解説します。

富裕層の実態❷

若手「起業家」はキャッシュ貧乏

前述したのは主に高齢の企業オーナーの話でしたが、新しい世代の経営者たち、いわゆる起業家になると事情も変わってきます。

起業家は独身者も多いので、事業承継や相続に関する興味はあまり高くありません。

また資産運用についても、自分の会社を成長させている最中なわけですから「投資するなら自分の会社に投資したほうが大きなリターンが見込める」と考えるのが普通でしょう。

それに起業家は意外とキャッシュ貧乏です。

私の知り合いの起業家は、現在の会社の時価総額が60億円くらい。彼はそのうち半分以上の株を持っているので、資産だけでいえば30億円以上ある計算になります。でも、その彼が自社株を売りまくっていたら投資家や社員たちから何を言われるかわかりませんので、流動性は著しく低いのです。

特に会社の成長にお金を回したい起業家は自分の役員報酬も抑える傾向にあるので、なおさら現金を持っていません。

富裕層の実態❸

病院オーナーの共通の悩みとは？

「開業医」と聞くと、自分の病院にポルシェで乗り付けるような、いかにも順風満帆なイメージがあります。また、厚生労働省による「医療経済実態調査」（平成27年実施）でも、一般的な開業医の平均年収は2887万円というデータが出ています（一般診療所の院長の平均給料年度額）。

しかし、見た目とは裏腹に、多くの開業医は悩みを抱えています。それは病院の承継です。一般的な会社の事業承継ですら難しいのに、病院の承継はさらに難しいのです。

その理由は、医療法人ならではの高い相続税。

「株」ではなく「出資持分」という形で所有されていることが多い医療法人は、利益が出てもその剰余金を配当してはいけないルールになっています。つまり、病院を長く経営していれば剰余金がどんどん累積していき、出資持分の評価もつり上がってしまうのです。

でも、いざ子供が病院を引き継ぐとき、相続税を支払うお金がないので病棟の一部を売るというわけにもいきません。結局は銀行で融資を受けて綱渡り的に相続税を払うか、それができないのなら最悪、他の医療法人に売却するしかないのです。

なお、2007年に出資持分のある医療法人の設立は禁止されましたが、いまだに多くの病院が出資持分ありです。

この由々しき問題に対応するため、開業医の多くは病院以外にMS（メディカルサービス）法人という別会社を持っています。

MS法人とは病院内で働く事務スタッフの派遣をしたり、病院の土地や建物のオーナーとして病院に貸し出したり、病院内の売店や薬局の運営をしたりする会社で、あえて外部の会社にすることで病院から生まれる利益をできるだけ「外」に分散しています。

本来であれば、もっとシンプルな仕組みのほうが管理は楽です。でも、自分が努力して築き上げた病院が一代で終わる危険を考えれば、それだけの手間をかけてもいいと思う開業医がほとんどです。

ＭＳ法人を作ることのメリットは病院の評価額を下げるだけではありません。後継者や親族をＭＳ法人で雇うことで、給与、配当、役員報酬といったさまざまな形で金融資産を家族に生前贈与的に分散させることができます（なんども言いますが、相続税の支払いにはキャッシュが必要です）。

たとえば院長が１人だけ１億円をもらってしまうと所得税に最高税率が課せられます。でも、それを家族５人で２０００万円ずつもらえば所得税も大きく圧縮できるのです。当然、勤務実態がなければいけませんが。

先ほど開業医の平均年収が２８８７万円と書きましたが、世帯年収としてはその数倍はあるのではないかと推測できます。

【コラム】病院経営と節税のキモ、「ＭＳ法人」

ＭＳ法人の仕組みを具体的な例を交えて簡単に解説しましょう。

ここで示すデータは、東京商工リサーチで過去に私が検索した企業情報を変更したものです。こうした情報は金融関係者であれば誰でも閲覧できます。

図1-3 MS法人の例

(医)ダイヤモンドクリニック　東京商工リサーチ企業情報

〒XXX-00XX ○○県△△市○○区△△町3-1-XX-XX　代表者　冨田 庄司
電話番号：02XX-24-XXXX　設立：1986年11月　創業：1991年4月
主業種名：歯科診療所　営業種目：歯科医院経営（100%）　従業員：154名
支店・営業所・工場：〔歯科医院〕本社同所、○○村△△14XX-X、○○区△△6-XX-XX、○○市△△町XX-X、○○市△△町X-XX
取引銀行：みずほ（○△）、商工組合中央金庫（○△）、北越（○△）
仕入先：ズースタッフ、グローバルラボラトリー　販売先：一般患者

業績：	決算期	売上(千円)	利益(千円)
	2016.2	1,333,173	3,744
	2015.2	1,307,223	−13,577
	2014.2	1,183,360	3,202
	2013.2	1,178,125	10,017
	2012.2	1,160,172	−6,360

（右側＊付きは税込み利益）

事業概況：グループとして年間約50万人が来院する歯科診療グループの中核企業。グループ連結では成長性を維持している。
《経営者情報》
氏名：冨田 庄司（とみた しょうじ）　生年月日：1953年9月11日生［男］
現住所：〒XXX-00XX　東京都いろは市いろは1-3-5　電話番号：0XXX-23-XXXX
最終学歴：○○大学　就任日：1990年11月12日

(株)ズースタッフ　東京商工リサーチ企業情報

〒XXX-00XX ○○県△△市○○区△△町3-2-XX　代表者　冨田 麗美
設立：1994年12月　創業：1994年12月
主業種名：貸事務所業　営業種目：不動産等賃貸、商品販売、業務受託管理、セミナー他
資本金：222,000千円　従業員：42名
役員：（取）冨田直樹、大田賢（監）田中洋子
大株主：ズー（3864株）、中小企業投資育成（456株）、大田賢（200株）
支店・営業所・工場：〔本部〕○○市△△XXX、○○区△△1-X-X、中国上海市
取引銀行：みずほ（○△）、商工組合中央金庫（○△）、北越（○△）
仕入先：トミタ、グローバルデンタル　販売先：ダイヤモンドクリニック、ダイヤモンドクリニックグループ歯科医院

業績：	決算期	売上(千円)	利益(千円)
	2016.2	1,358,768	114,153
	2015.2	1,473,570	87,976
	2014.2	1,325,294	128,091
	2013.2	1,236,608	103,745
	2012.2	1,183,947	94,574

（右側＊付きは税込み利益）

事業概況：(医)ダイヤモンドクリニックのマネジメント部門。主に診療所の設備投資と運転資金の貸付担う。
《経営者情報》
氏名：冨田 麗美（とみた れみ）　生年月日：1962年5月5日生［女］
現住所：〒XXX-00XX　東京都いろは市いろは1-3-5　電話番号：0XXX-23-XXXX
出身地：熊本県　最終学歴：○○大学　趣味：ゴルフ　就任日：1994年12月21日

図1-3上は、全国展開を続ける歯科医院「ダイヤモンドクリニック」の企業データです。図1-3下は、そのダイヤモンドクリニックのMS法人「ズースタッフ」の企業データです（いずれも仮名です）。

ズースタッフがMS法人だとわかるのは、図1-3下の事業概況に「ダイヤモンドクリニックのマネジメント部門」と書いてあるのと、営業種目の「不動産等賃貸、業務受託管理」がMS法人特有のものだからです。加えて、ダイヤモンドクリニックの仕入れ先に「ズースタッフ」があり、ズースタッフの販売先に「ダイヤモンドクリニック」「ダイヤモンドクリニックグループ歯科医院」があること、そして、両代表者の住所が一致していることから、夫婦関係だと推測することができます。

このデータで注目すべきポイントは両社の利益です。

病院側は3年に1回は赤字を出している一方で、MS法人は安定して利益を出しています。この数字から、病院側の利益が膨れ上がるのを防ぐために利益はできるだけMS法人で出るように「調整している」と推測できます。

たとえば、ダイヤモンドクリニックで働く事務スタッフが実際にはズースタッフからの派遣社員であるとすると、その請求書を作るのはズースタッフで、それを支払うのは病院ですからある程度のコントロールはできるのです（実態とかけ離れているとアウト。また、両社の代表を同一人物が兼ねることもアウトです）。

富裕層の実態❹

「地主」と「不動産投資家」の大きな違い

富裕層のなかでも不動産オーナーは、先祖代々土地を受け継いできた「地主」か、自らの手で財を築いた「不動産投資家」かで属性が極端に異なる点が特徴です。

◉ストックを活かし切れない地主

「かつてはこの周辺、全部うちの土地でした」が口癖の地主は、土地を切り売りしていった結果、その多くが一丁目一番地や二丁目一番地など「一番地」に住んでいることが多いのが特徴です。

高すぎる相続税によって没収に次ぐ没収を経験している彼らは、とにかく税金が大嫌い。スムーズな資産承継のために、長年付き合いのある税理士が参謀についているケースが目立ちます。

普段は自分の土地に立てたマンションや駐車場、ビルなどの賃貸収入で生計を立てているので、資産運用についてはリスクの高い運用には興味を示さず、保守的な人が多いと感じます。

プライベートバンカーとしてもどかしさを感じることが多いのがこのケースで、家賃収入などがあるとはいえ、持っている潤沢なストックをフル活用しているとは言い切れないからです。

「原資が多ければ多いほど、お金を生み出すことは簡単になる」――これが資産運用の基本です。

たとえば資産1000万円の人が資産運用で1億円まで増やすのは至難の業で、奇跡的に10％の利回りをずっと続けられたとしても複利運用で25年かかります。

でも、すでに10億円持っている人が資産運用で1億円を生み出すのはそう難しくありません。10％の利回りなら1年で、3％くらいの安定した商品であっても複利で運用すれば3年で作れます。

世の中の個人投資家たちからすれば、不動産であろうとすでにストックを持っていることは最高のアドバンテージなのですが、多くの地主はそこに気づいていません（お抱え税理士が面倒な仕事を避けるために、敢えて入れ知恵をしないのかもしれませんが……）。

ちなみに私がシンガポール赴任時によく見た華僑系の富裕層は、本業で築いた資産（ストック）を使って、より高い利回りが狙える新興国の株式や高利回り債券などに投資をして資産を増やしていく手法が「常識」でした。

ユダヤ人の富裕層も同じような傾向にあります。むしろ、そういう発想を持っているから富裕層になった、ともいえるでしょうが。

「先祖代々受け継いだ土地だから安易に売れない」という気持ちはわからないわけではありません。でも結局、固定資産税を払い続けたうえに、相続のときに多額の相続税が払えずにやむなく手放すのであれば、あらかじめ一部を現金化して資産運用の選択肢を広げ、最終的に土地を守るという方法もあるはずです。

よってプライベートバンクが地主に提案することの多くは、どうしても相続絡みになってくるのですが（特に相続税を支払うキャッシュをどう確保するか）、最近、資産運用をしつつ相続対策にもなるちょうど中間的なものとして地主の注目を集めているのがフットサルコートです。

そもそも大地主が街中のいたる所に駐車場を持っているのは、上物がないためにいざというときに売りやすいからです。その点、フットサルコートに必要な上物は簡易的な事務所とネットと芝くらい。それでいて駐車場よりも利回りが高いので、建造費をたった1年で回収できるケースもあります。

また、2016年末に上場したフィル・カンパニーという会社は、駐車場の上に商業施設や住宅、オフィスを立てる「空中店舗フィル・パーク」というユニークな設計手法に特化した会社で、このつくりであれば、駐車場のオーナーは駐車場代と家賃の両方でお金が入ってくるので、より良い利回りが狙えるのです。

こうした最先端の投資手法を含め、土地活用の方法をプライベートバンクが勧めることもあるのです。

◉繰上返済を好む不動産投資家

相続型の地主と違って、不動産投資のノウハウを学びながら自力で資産を増やしてきた富裕層は、わりあい資産運用には積極的です。

ただ、ほとんどの不動産投資家は不動産専門なので、金融商品については一般人の知識レベルと変わらないケースが多いと思います。

それに彼らの最大の懸念は巨額の借り入れなので、資産運用に回すお金があったら繰上返済に回したいと思う人が多いのが実情です。「不動産以外にも分散したほうがいいですよ」というプライベートバンクの助言に耳を傾けてくれる投資家は一部に限られます。

もちろん、プライベートバンクをまったく使わないわけではありません。しかし、自分自身で投資戦略を練り、その道を極めてきた人たちなので、資産運用の提案内容にしろ、手数料などの条件交渉にしろ、かなりシビアな人たちが多いというのが印象です。

富裕層の実態⑤

情報リテラシーの高い「成り上がり型」富裕層

年齢を重ねれば資産は増えていくものなので、富裕層の大半は高齢者です。キャップジェミニによる２０１１年の「World Wealth Report」によると、日本人の富裕層（純金融資産１００万ドル以上）の93％が45歳以上です。

しかし、近年、先ほどみた起業家や不動産投資家以外にも、外資系企業で高給を得るビジネスエリート、仕事が殺到しているフリーランス、ＦＸや株のデイトレーダーなど、30、40代で富裕層の仲間入りをする個人が増えています。ＩＴ化によって生産性の低い仕事が減って個人がさばくことができる案件量が増えたため、優秀な人の元に仕事が集中しやすくなったことがその背景にあると思います。

こうして現代において自分の力量だけで富裕層になった人たちを、「相続型」と区別するために「成り上がり型」富裕層と呼ぶことにします。

成り上がり型富裕層の特徴は次のようなものです。

- ネットや自分の人脈から自在に情報を集める
  →金融機関からの情報をうのみにしない
- 各種手数料に敏感である
  →1円でも無駄にしたくない
- 手間をかけたくない
  →タイム・イズ・マネーの徹底（窓口での対応時間など）
- 複数の金融機関に取引条件を提示し、コンペをおこなう
  →競争原理をうまく利用している

このように成り上がり型富裕層は、あらゆる判断に合理性を求める人が多いと感じますし、だからこそ事業なり投資なりで成功することができたのでしょう。

特に情報リテラシーの高さについては相続型の富裕層とは比べものにならないことが多く、商品説明をしている最中にその場でネット検索をして「こんなリスクがあるって書いてますけど、どうなんですか?」と追及してくる顧客もいます。

あくまでもロジカルな思考で、自分が納得しないと首を縦に振りません。でもその分、話はしっかり聞いてくれる傾向があります。「チャンネルは多いほどいい」というビジネス的

発想、もしくは生まれ持った知的好奇心の影響かもしれません。

富裕層の実態❻
目立つことを嫌う「相続型」

成り上がり型富裕層（特にその若手）とは異なり、相続型の富裕層は目立つことを嫌います。特に昔から続く中小企業の経営者は、その傾向が顕著です。

東京の富裕層が住む場所といえば山の手エリアをイメージするかと思います。実は、東京23区の東側の下町にも富裕層はたくさんいます。この付近には業歴が長くて高い技術力を有した中小企業が多く、普段は作業着を着た地味な社長が、実はストックリッチな富裕層であるケースが少なくないのです。

こうした中小企業オーナーは、夜、飲みに行くとしても銀座や六本木のようなギラギラした街を敬遠して、地元であまり目立たず飲んでいるケースが多いようです。

なぜなら、自分たちが儲かっていることを取引先に悟られてしまうと、値下げを要求される恐れがあるからです。普段はベンツに乗っているのに、取引先を訪れるときはプリウスにする社長も珍しくありません。下町で飲むことは一種の自己防衛でもあるのです。

トヨタの下請け会社が利益をあまり出さないように（トヨタから値下げを要求されないよ

うに）繰り延べすることがあるのは有名な話ですが、これも同じ理由からでしょう。

それに税務署にも目をつけられやすくなるので、わざわざ六本木などに行って目立つ真似をすることは避けるそうです。

「お金を持ったら派手に使って羨望のまなざしを浴びたい」という衝動に突き動かされる富裕層も当然います。それは仕方のない話ですが、実際には目立つことで痛い目にあうという経験をしていないから、そう考えるのかもしれません。

お金を持つことはいいことばかりではありません。お金の寄付や貸し出しの依頼で訪れる人はたくさんいます。強盗や空き巣の危険もありますし、詐欺まがいの投資話を持ちかけてくる人もあとを絶ちません。ハニートラップの話もしばしば耳にします。

特に今はＳＮＳであらゆる情報が世界に拡散する時代ですから、周囲の目にはなおさら気をつけないといけません。ある上場企業の経営者は、地方で遊ぶときは偽名を使い、職業も「デイトレーダー」で貫くそうです。これも自己防衛の１つです。

第2章

知られざる
プライベートバンクの世界

プライベートバンクは「一族のCFO」

お金の傭兵。

お金の執事。

お金の番人。

プライベートバンクをたとえる言葉はさまざまありますが、私なりの表現をするなら「一族のCFO（財務責任者）」といったところでしょうか。

私自身も単身でベンチャー企業を立ち上げた身なのでよくわかるのですが、煩雑なお金のことを一任できるCFOが会社にジョインしてくれたときの安心感たるや。しかも、財務だけではなく経営判断で悩んだときのよき相談相手にもなってくれます。外部の税理士にお願いするだけではこうしたメリットは得られません。

富裕層にとっての理想的なプライベートバンクのあり方もこのような位置付けです。顧客の目標が実現するように、時に参謀として、秘書として、メンターとして、そして友人として、顧客とその家族に寄り添っていく存在なのです。

「人生とは自分という会社を経営するようなものだ」――これは私の口癖です。誰にでも当てはまる言葉だと思っていますが、富裕層の方であれば特にその実感を持つはずです。

戦略のない会社が市場から淘汰されるのと同じように、漠然と資産を管理してきた結果、資産を増やせるチャンスを逃したり、資産はあるのにキャッシュフローでつまずいてしまったりする富裕層はたくさんいます。それどころか、相続の際に資産承継に失敗し、資産を大きく減らさざるをえなくなったケースも多数存在します。

その点、「一族のCFO」であるプライベートバンクが富裕層の側にいれば、資産を見える化し、最適化戦略を立ててくれますし、そこに障害が見つかれば全力で取り除くためのノウハウと人脈を提供してくれます。

その結果として富裕層は資産を確実に守り、次世代に資産をスムーズに継承していくことができるのです。

三位一体で動くプライベートバンク

通常、プライベートバンク以外の金融機関から受ける提案は、商品レベルの話でしょう。その商品を買うことで資産配分がどう変わるのか、そしてそれが自分の将来の資産形成にどのような影響を及ぼすのかについては自分で考える必要があります。

一方で、プライベートバンクの役割は、大きく次の3つに分類されます。

図2-1 プライベートバンクの３つの役割

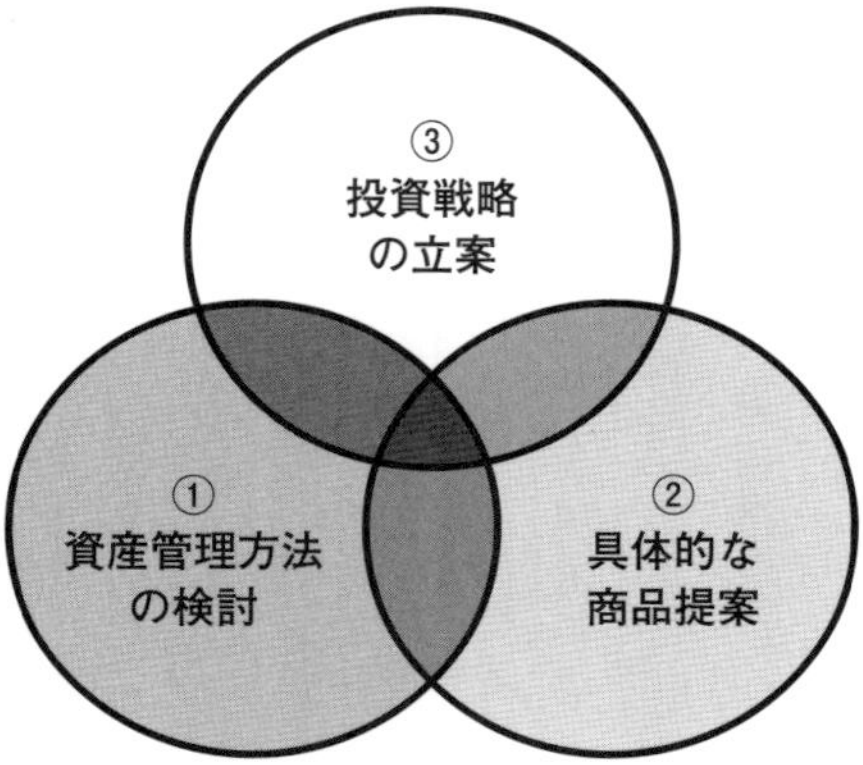

①アセットマネジメントという視点から顧客の資産管理方法について検討し、
②顧客ごとのリスク許容度や投資戦略を考慮したうえで個別のプロダクトを配分し、
③最終的にアドバイザーという立場から顧客への提案をおこなう。

①資産管理方法の検討
②具体的な商品提案
③投資戦略の立案

他の金融機関と同じく具体的な商品提案もおこないますが、顧客の資産をトータルで管理していくためには、この3つのプロセスを三位一体で提供できる体制が必須です。

プライベートバンクの直訳は「私的な銀行」です。顧客からしてみれば「自分と一族のためにフルカスタムで動いてくれる銀行」ということ。

銀行といっても預金口座やATM、融資の窓口があるわけではありませんが、お金にまつわる高度なサービスをワンストップで一任できるサービス形態こそがプライベートバンクの本質的な価値であり、世界の富裕層から必要とされるゆえんといえるでしょう。そしてそのサービスを享受できる基準が、「1億円の壁」になるのです。

プライベートバンクの歴史的な成り立ち

日本ではまだ馴染みの薄いプライベートバンクですが、その発祥の地はスイスです。

もともとは無限責任を有する個人（プライベートバンカー）によって運営される銀行を意味していました。無限責任というのは、もし顧客の資産を毀損《きそん》してしまった場合はプライベートバンカーも一緒になって責任を取るということ。つまり、経営と所有が一体化した銀行ということです。顧客と運命共同体であることも意味しており、そうした献身的な姿勢がプライベートバンクというブランドを築いたといってもいいでしょう。

ちなみにスイスでは、「プライベートバンカー」と名乗れるのは無限責任を有する個人が所属する組織のみと法律で定められており、その他の「プライベートバンク」と明確に区別されています。今ではスイス・プライベート・バンカーズ協会（http://www.swissprivatebankers.ch/en/）に所属する次の6行のみとなっているようです。

Bordier & Cie（ボーディエ）

Rahn + Bodmer（ラン・アンド・ボドマー）

Baumann & Cie（バウマン）
E.Gutzwiller & Cie Banquiers.（ガットウィラー・バンカース）
Reichmuth & Co. Private（ライヒムース）
Mourgue d'Algue & Cie（モーグ・ダルグ）

また、スイスには無限責任にはこだわらないスイス・プライベート・バンク協会(https://www.abps.ch/en/）も存在し、そちらでは次の10行が会員となっています。

Bordier & Cie（ボーディエ）
Rahn + Bodmer（ラン・アンド・ボドマー）
E.Gutzwiller & Cie Banquiers.（ガットウィラー・バンカース）
Reichmuth & Co. Private（ライヒムース）
Mourgue d'Algue & Cie（モーグ・ダルグ）
Gonet & Cie（ゴネ）
Lombard Odier Darier Hentsch & Cie（ロンバー・オディエ）
Mirabaud & Cie（ミラボー）
Pictet & Cie（ピクテ）

Landolt & Cie（ランドルト）

これら以外にもスイスには多くのプライベートバンクが存在しています。いまだにプライベートバンクの聖地であり、集めているオフショア資産（居住地外で運用される資産）の総額では世界一の国なのです。

第1章で紹介したBCGによる調査（Global Wealth 2015 : Winning the Growth Game）では、世界のオフショア資産の25％に当たる2・7兆ドルがスイスで運用されているそうです。

プライベートバンクの最も古い形態は、外国に出稼ぎに出るスイス人傭兵たちの資産管理から始まったといわれています。

その後、小国にすぎないスイスのプライベートバンクがヨーロッパ諸国の富裕層からお金を集めることができるようになったきっかけは、スイスの永世中立をヨーロッパ諸国が認める条約が19世紀のはじめに結ばれたことです。

衝突の絶えないヨーロッパにおいて「不可侵の国」であるということは「資産を守るのに最適な場所」を意味します。第2次世界大戦でも、ナチスの迫害から逃れるために近隣諸国の資産家がスイスのプライベートバンクに資産を移したという歴史があります（スイスは裏でナチスに協力していたため侵略されなかったといわれています）。

スイスがプライベートバンクの聖地になったわけ

スイスが長年プライベートバンクの聖地とされてきた背景には、もう1つ理由があります。

それが約300年前にスイスの銀行法で定められた顧客情報の秘匿義務。警察からの依頼であろうと、よほど犯罪性の高いものでない限りは顧客情報を漏らさないことがスイスのプライベートバンクのこだわりでした。口座を氏名ではなく番号で管理する「隠し口座」も、いまだに小規模なプライベートバンクでは存在します。

その守秘性がよくわかるスイスの銀行の特徴をいくつか列挙してみます。

- 口座の持ち主を知っているのは顧客担当者とごく一部の上層部のみ。口座番号が漏れても身元を割り出すことができない
- 口座番号さえ知っていれば入金は誰でもできるが、入金先を間違えても守秘義務があるためお金の返還は受け付けない
- 顧客同士が顔をあわせることを防ぐために、プライベートバンクを訪問する際は決めら

れた時間に来訪しないといけない。エレベーターも担当者が待つ階にしか止まらない「お金の傭兵として、何がなんでも顧客とその資産を守る」という強い意思が感じられます。プライベートバンクと聞いて「犯罪の匂いがする」「マネーロンダリングの温床」といったマイナスイメージを持たれる方がいるとしたら、この秘匿性の徹底ぶりがその原因かもしれません。

ちなみに「スイス銀行」という言葉を聞いたことがあるかもしれませんが、それはスイス銀行法に基づいて運営されているスイスのプライベートバンクのことを指します。実際にそのような名前の銀行があるわけではありません。

ただ、300年続いた秘匿性の歴史はここ10年ほどで大きな転換期を迎えています。

その1つの発端となった出来事が起きたのは2007年でした。スイスのジュネーブに拠点を置くHSBCの子会社、HSBCプライベートバンクの顧客データが外部に漏洩する「スイス・リークス事件」が起きたのです。2015年に世界中のメディアに公開された文書によると、HSBCは200ヶ国の顧客に対して脱税幇助《ほうじょ》をしたとされています。

そして2008年には、ドイツ財界の超大物で、同国の郵政事業の民営化を成功させたドイチェ・ポストのクラウス・ツムヴィンケル社長が脱税の容疑で検察庁から摘発を受けます。彼はリヒテンシュタインのプライベートバンクを使っていましたが、同国は国家機能をほぼスイスに依存する小国のため、スイスに対する風当たりもきつくなりました。

こうした動きを受け、２００９年には米国のオバマ大統領（当時）自ら、スイスのＵＢＳに対して米国人の顧客リストの開示を要求。米国でのビジネス停止をチラつかされたためにＵＢＳはその要求をのみ、大手プライベートバンク各行もそれに従うことになります。

さらに２０１０年になると、スイスと国境を接するイタリア政府が動きます。スイスに資産を移し脱税をしていると疑われるイタリア国民に対して、「この先、１年の間に資産をイタリア国内に戻せば、過去の詮索はしない」とする異例の措置を発表。このときもかなりのイタリア人富裕層がスイスから資金を引き上げました。

こうした一連の流れを機に、富裕層の資産だけではなく、スイスやフランス、ドイツなどで活躍してきた優秀なプライベートバンカーも、新しい挑戦の場を求めて、成長著しいアジアの金融センターであるシンガポールや香港に流れました。

これによってスイスの地位が劇的に下がったとは言いませんし、いまだに世界一であることは間違いありませんが、オフショア資産の行き場がかなり分散したことは事実です。

私がシンガポールに留学していた時代は、まさにシンガポールがスイスからの資金と人材の受け皿になっていた時代で、現地のプライベートバンクの幹部と話をするたびに、口をそろえて「絶好のチャンスなのに人が足りない！　実績は多少目をつぶるのでいい人がいたら紹介してくれ！」と嘆願されたのが印象に残っています。

世界のプライベートバンク・トップ25

スイスだけでなく、世界にどのようなプライベートバンクがあるのかを知っていただくために、2015年度の運用資産残高トップ25を紹介したいと思います（図2-2）。

金融資産100万ドル（約1億円）以上の富裕層向けに資産運用をおこなう金融機関を対象とし、総合金融機関の場合はプライベートバンク部門のみの預かり資産を比較したものです。

プライベートバンクの頂点に立つのはスイスのUBSです。

スイスは他にもクレディ・スイス、ジュリアス・ベアのほか、無限責任を負っている伝統的なプライベートバンカーのピクテ、ロンバー・オディエがランクインしています（19位のサフラ・サラシンもスイス系です）。

スイスもそうですが、税制上のメリットが大きい、いわゆる「タックスヘイブン」の国には必然的に世界中から資金が集まって来るため、プライベートバンクもたくさん存在する傾向にあります。

投資銀行部門やマーケット部門などを有し、組織規模が大きいUBSとクレディ・スイス

図2-2 世界のプライベートバンク・トップ25

順位	グループ名	2015年運用資産残高（10億米国ドル）	2014年運用資産残高（10億米国ドル）	前年比順位変動	報告通貨	2015年運用資産残高伸び率
1	UBS	1,737.5	1,754.2	＝	スイスフラン	−0.5%
2	Bank of America Merrill Lynch	1,446.8	1,476.4	＋1	米国ドル	−2.1%
3	Morgan Stanley	1,439.4	1,480.2	−1	米国ドル	−2.8%
4	Credit Suisse	687.3	740.5	＝	スイスフラン	−7.1%
5	Royal Bank of Canada	620.9	704.4	＝	CAD	5.1%
6	Citi	508.5	550.5	＝	米国ドル	−7.6%
7	JP Morgan	437.0	428.0	＝	米国ドル	2.1%
8	Goldman Sachs	369.0	363.0	＋1	米国ドル	1.7%
9	BNP Paribas	357.3	374.4	−1	ユーロ	6.2%
10	Deutsche Bank	311.4	334.3	＝	ユーロ	3.6%
11	Julius Baer	297.5	289.2	＋1	スイスフラン	3.0%
12	BMO Financial Group	287.0	326.4	−1	CAD	4.8%
13	HSBC	261.0	275.0	＝	米国ドル	−5.1%
14	Pictet	239.2	238.5	＝	スイスフラン	0.4%
15	Northern Trust	227.3	224.5	＋2	米国ドル	1.2%
16	Wells Fargo	225.0	225.0	＝	米国ドル	0.0%
17	ABN Amro	217.4	232.2	−2	ユーロ	4.2%
18	Santander	204.8	193.8	＋1	米国ドル	5.7%
19	Safra Sarasin Group	194.2	213.2	−1	米国ドル	−8.9%
20	China Merchants Bank	192.9	122.3	＋6	中国人民元	66.4%
21	BNY Mellon	191.8	191.0	−1	米国ドル	0.4%
22	Credit Agricole	165.0	171.4	−1	ユーロ	7.1%
23	ICBC	154.1	119.6	＋4	中国人民元	35.9%
24	Lombard Odier	133.6	135.9	−1	スイスフラン	−1.6%
25	CIC	133.3	134.9	−1	ユーロ	9.9%

出所：SCORPIO PARTNERSHIP GLOBAL PRIVATE BANKINGより著者作成

は聞いたことがあっても、ジュリアス・ベア、ピクテ、ロンバー・オディエといった銀行については本書で初めて目にする方も多いと思います。

それもそのはず、この3行は投資銀行部門を持たない、プライベートバンキングビジネスに特化した生粋のプライベートバンクなのです。大々的に広告を打って顧客を集めるような業態ではないため、一般の人の目に触れることはまずありません。

こうした富裕層の資産管理だけをおこなう専業銀行だけを「プライベートバンク」と呼び、UBSやメリルリンチのような銀行、証券、信託、保険会社などの金融機関がその一部門としてプライベートバンク業務をおこなっているケースを「プライベートバンキング」と呼んで区別するケースもあります。

ただ、実際にはヨーロッパ系のプライベートバンクを利用する日本人富裕層は限りなく少ないですし、日本には専業銀行がないため、本書では両方ともプライベートバンクと呼ぶことにします。

タックスヘイブンではない国ではやはり米国が強く、メリルリンチ、モルガン・スタンレー、JPモルガン、ゴールドマン・サックスなど、そうそうたる金融機関の顔ぶれが並びます。

それ以外ではイギリス、カナダ、ドイツ、フランス、中国などの経済大国がランクイン。大半の銀行が前年比で運用資産残高を目減りさせているなか、中国の招商銀行（China

Merchants Bank）の66・4％増、ＩＣＢＣの35・9％増という数字が、富裕層の台頭が続く中国経済の勢いを感じさせます。

大きく遅れをとった日本の富裕層ビジネス

お気づきでしょうが、先ほどのランキングに日本のプライベートバンクは入っていません。原因は日本が富裕層ビジネスで出遅れたことです。

その理由は３つあります。

①戦後の財産没収によって富裕層が激減したから
②各金融機関が差別化を図れない時期が長かったから
③総合的な資産の管理・運用のアドバイスができなかったから

このうち①はすでに説明した通りで、今の日本人の富裕層は戦後にその富を築いています。

②と③は主に国の制度上の問題です。

日本は長年、国家主導で金融産業を育成する名目で、監督庁が許認可権限などを駆使しながら業界を徹底的に管理する「護送船団方式」をとってきました。護送船団とは、「もっとも遅い船にペースを合わせて進む船団」をイメージしてください。特定の1社が企業努力で業界をリードしようと思っても、「それでは他の金融機関が困る」という理屈で、国が許しませんでした。

顧客に配布するノベルティですら金融庁のチェックが入るようなありさまで、どの金融機関に行っても受けられるサービスは同じ。プライベートバンクの売りである「顧客に応じたカスタマイズされたサービス」を提供することは制度上、困難でした。

また、金融業界の厳格な「縦割り」も大きな弊害であり続けました。プライベートバンクは金融に関するワンストップサービスを提供できることが魅力なのに、融資、証券、信託、保険、不動産などが明確に分けられていた日本では、総合的なサービスを提供したくてもできない状態だったのです。

変化の契機となったのは1996年の金融ビッグバン。金融産業の規制緩和によって各金融機関は個性を発揮するチャンスがやってきました。日本における富裕層ビジネスの幕開けです。

ただ、いきなり「ヨーイ、ドン！」と言われても、当時の日本の金融機関には富裕層向けサービスのノウハウがありませんでした。

日本で存在感を示す
スイス系プライベートバンク

そういった背景もあり、日本で初めて大口顧客向けのプライベートバンク業務に乗り出したのは米国のシティバンクでした。同社は前身のインターナショナルバンキング・コーポレーションが1902年に横浜支店を開設しており、日本とは馴染み深い銀行でもあります。

しかし、シティバンクは2004年にマネーロンダリングや脱税指南などにより3度の行政処分を受け、日本から全面撤退することになります。

ちなみに当時のシティバンクのアジアのヘッドが、私が通ったビジネススクールのプログラムの責任者で、日本の金融機関に在籍していた私を見るたびに、「日本には散々な目に遭わされたよ」と愚痴っていたのが印象的でした。

なお、撤退したシティの顧客をうまく拾ったのが、今も日本で活躍するUBSです。

その後、2009年にクレディ・スイスが参入（一度、日本を撤退後の再参入）。2012年にイギリス系のHSBCから日本のプライベートバンク業務の譲渡を受け、富裕層顧客とプライベートバンカーの拡充に成功しています。

また、ロンバー・オディエや最近ではジュリアス・ベアも日本市場に参入。さすが本家と

図2-3 日本のプライベートバンク（順不同）

証券会社

野村證券、大和証券、SMBC日興証券、みずほ証券、三菱UFJモルガン・スタンレー PB証券（旧三菱UFJメリルリンチPB証券）、香川証券　など

メガバンク

三菱東京ＵＦＪ銀行、みずほ銀行、三井住友銀行

信託銀行

SMBC信託銀行（旧ソシエテ・ジェネラル信託銀行）、三菱UFJ信託銀行、三井住友信託銀行　など

その他

りそな銀行、千葉銀行、静岡銀行、琉球銀行、十六銀行、横浜銀行　など

いうべきでしょうか、いま日本に拠点を置いて活動している外資系プライベートバンクは、奇しくも４社ともスイスの会社です。

富裕層ビジネスに本格的に乗り出した日本の金融機関

そして現在では、国内の富裕層の増加に合わせて日本の主要金融機関のほぼ全てが富裕層向けのサービスを拡充、もしくは開始しています。

さらに最近では千葉銀行、静岡銀行、琉球銀行、香川証券などの地方金融機関も富裕層ビジネスに乗り出しています（これらの地方金融機関の多くは、実際の資産運用についてはスイスのロンバー・オディエと提携して、信託契約代理店として顧客を紹介する形をとっています）。

このように日本の金融機関が富裕層ビジネスに本格参入してきている状況下で、ネックとなっているのは人材確保です。

たとえば、私もかつて基調講演を2年連続でしたことがある、日本証券アナリスト協会主催の「プライベートバンキング教育プログラム」（PB資格試験制度）というものがあります。その最難関資格である「シニアPB資格」の合格者は、累計で62名しかいません（2017年2月末現在。日本証券アナリスト協会HPより）。

必須資格ではないものの、富裕層の数に対して明らかに少ない数字だと思います。

ただ、人材が不足するのも無理はありません。プライベートバンク部門は金融機関の精鋭部隊であり、OJTと称して新人をアサインするわけにもいかないのです。証券営業や資産運用、ファンドマネージャー、アナリストなど、さまざまな部署や会社で実績を積んだプロでないと務まりません。

だからといって他社から引き抜こうとしても、日本の金融機関はいまだに終身雇用制度が続いていることもあって容易ではありません。仮に転職する人材が出るとしても、転職先は高給を用意してくる外資が中心です。そのため日本の金融機関は、富裕層ビジネスを拡充するために長期的な視野に立って人材を育てる必要に迫られています。

まだ時間はかかるかもしれませんが、日本での富裕層ビジネスの市場は今後も少しずつ拡大を続け、それにつれてプライベートバンクという言葉も市民権を得ていくのではないかと予想しています。

外資系プライベートバンクが日本で苦戦するわけ

先ほど書いたように、現在、日本市場に参入してプライベートバンク業務をおこなっている外資系企業はスイス系の4社しかありません。

先進国にしては異常に少ないと思いませんか？

その背景には、シティバンクが何度も行政処分を受けたように、監督庁の厳格な規制があります。また、日本人の富裕層の多くが資産を増やすことよりも資産承継や事業承継といった、日本独特の法務や税務が複雑に絡んでくる領域に関心が強いことも大きな理由です。

極端な累進課税制度をとる日本は、住民税を含めた所得税と相続税（や贈与税）の最大税率は55％。また、株式投資など譲渡所得や配当所得に対しても約20％が課税され、先進国のなかでも非常に高いのが現状です。

よって富裕層からすれば、お金を増やすとか守るといった次元ではなく、「まずは減らしたくない」という思いを持つのは当然なのです。

そうした富裕層のニーズに応えるためには、日本の法制度や商習慣などを熟知していなければなりません。私が在籍していた野村證券も金融商品のノウハウもさることながら、税金対策について競合他社の先を行ったことで顧客数を伸ばしてきたといってもよいくらいです。

日本の富裕層に対して、「そんな細かいことをしていないで、海外に資産を移転させませんか?」と、海外から秘密裏にアプローチしてくる外資系プライベートバンクもいます。その多くはかつて日本に進出し、今では撤退した外資系プライベートバンクで、現在アジアの本部があるシンガポールや香港からアプローチをしてくるケースが一般的です。

ただ、2015年7月から資産の流出を防ぐための「出国税」の課税が始まり、海外への資産移転の効果は激減してしまいました。「出国税」とは、株などの資産を1億円以上保有する日本人が非居住者になるタイミングで、その株などを譲渡したものとみなして課税をする取り決めです。

また、日本でそうした「資産フライト」の斡旋を大っぴらにしてしまうと金融庁の目が光るので、海外からの営業活動はかつてほどの勢いはなくなったと感じています。同時に、国内にしっかり根を張って活動しているクレディ・スイスやUBSは、海外への資産移転の提案についてはかなり慎重になっているようです。

このように、日本の税制は複雑なうえに変更も多いため、ローカルではない外資系プライベートバンクが富裕層のニーズに応え続け、生き残ることは容易ではありません。そもそも税制の相談を受けられるのは日本の税理士だけと法律で決まっており、海外のプライベートバンカーが日本に出張してきて富裕層の税務相談に乗ることは許されません。

その点、大手銀行や大手証券をはじめとする日本の金融機関は、税制スキームの最適化戦略に強い税理士法人（山田&パートナーズ、辻・本郷税理士法人、タクトコンサルティングなど）と密に連携してソリューション提案ができることがメリットになっています。

日本人の富裕層が日系のプライベートバンクを使うメリットは税務だけではありません。日本は契約社会ではないために、事業承継でも資産承継でも、家長が亡くなった後のトラブルが絶えません。そうしたトラブルを未然に防いだり、円滑にトラブルの処理を進めたりすることもプライベートバンクの大事な業務であり、場合によってはプライベートバンカー自らが人間関係の調整に当たることもあります。こうしたきめ細かい対応はやはり日本人同士にしかできないことでしょう。

要は同じプライベートバンクであっても、日本だけは若干ゲームの種類が違うのです。レスリングの世界チャンピオンであっても相撲の土俵では勝てないのと似ています。これが、外資系プライベートバンクが日本に少ない理由です。

どのプライベートバンクでも、扱う金融商品に大差はない!?

日本には外資系が少ないといっても、資産運用自体のノウハウに長けているのは歴史のある外資系プライベートバンクであることは間違いありません。

たとえばクレディ・スイスは自社で多数保有するオルタナティブ指数に連動した仕組債（第5章で説明します）に強みがありますし、ヘッジファンド（こちらも第5章にて）が得意なUBSは、日本人投資家に人気の運用商品を多数持っています。

ただ、ある会社が組成した金融商品がその会社でしか買えない「製販一体」のケース（クローズドアーキテクチャ）は、昔はよくありましたが、今ではかなり少数派です。

クローズドアーキテクチャを採用している金融機関は、私の知る限りではスイスのピクテと、ニューヨークに本社のあるアライアンス・バーンスタインくらい。いずれも本業は運用会社なので、自社商品だけで顧客のニーズの大半をカバーできる自信がある、ということなのでしょう。

でも、そうした「囲い込み」が果たして顧客に対して最上のサービスを提供することにつながるのかといったら、疑問も残ります。

金融商品の場合、携帯電話や居住用不動産のように1社と契約したら終わりというわけではありません。膨大な選択肢があって、それらをうまく組み合わせることで最適なポートフォリオが生まれます。

たとえば大和証券は、さまざまなファンドを自ら組成して運用する大和証券投資信託委託という運用会社を持っています。かつてはグループ会社が作ったこうした商品を、証券営業やプライベートバンカーは必死に売っていました。

でも今では、大和証券投資信託委託が作った商品は他社でも買えますし、逆に大和証券で野村アセットマネジメントが作った商品を買うこともできます（このような製販分離の状態をオープンアーキテクチャと言います）。

大和のプライベートバンクだからといって大和証券の商品ばかりを勧めるような、あからさまな身内びいきはまずしませんし、する理由もないという考え方が主流になっています。

大手証券会社で自社グループの運用商品が売られている比率はすでに数%、多くても10%未満にすぎないでしょう。

手数料が割高な日本のプライベートバンク

このように現在では、どのプライベートバンクを選んでも大抵同じような商品を買えますが、日本勢が海外勢のプライベートバンクに明らかに劣っているのは手数料形態です。

海外のプライベートバンクの場合、運用資産が多い顧客に対して管理手数料や仲介手数料を大幅に優遇することは当たり前で、あらかじめ担当者にその裁量が与えられています。

しかし、日本のプライベートバンクは資産規模にかかわらず一律の手数料を顧客に要求するケースが目立ちます。

低金利になり資産運用の難易度が上がっているいま、顧客の資産を預かって運用するファンドマネージャーたちは1%でも多く利回りを出そうと頑張っています。でも、平均的な商品でも買付手数料は約3%、運用報酬で年間約1・5%以上も取られますので、よほどの好成績を残さないと投資家に利益は出ません。

いま、そういった投資信託や株の運用で勝てている投資家は、マーケット自体が伸びているからにすぎないケースがほとんどです。よって、手数料が気になるという富裕層のなかには、大手証券会社で買うよりも手数料が10分の1くらいに抑えられるネット証券で自ら資産運用をされている方もいらっしゃいます。

日本のプライベートバンクでも、ごくたまに本部や支店長クラスの承認があれば手数料に融通がきく場面もあります。たとえば顧客が50億円分の株を売却するときに、通常0・5〜1・5%する株式売買手数料を0・1%未満に落とすといった具合です。もし、手数料が0・1%未満まで落とせれば、資産運用を得意とする海外勢と十分に戦える水準です。

ただし、日本の金融機関でそういった「特例」が本部によって認められるのは、ごく一部のプライベートバンカー、そしてごく一部の顧客に限られます。

この手数料形態に大きなメスを入れない限り、日本のプライベートバンクは資産運用の面で海外勢に追いつくことは難しいでしょうし、きつい表現を使えば顧客の運用パフォーマンスを上げる基盤が整ったとは言えない、と感じるのです。

ただし、公平を期すために付け加えれば、プライベートバンクの存在意義は資産運用の仲介をすることだけではありません。ネット証券では買うことができない特殊な商品を用意したり、節税スキームを整えたり、海外不動産など金融商品以外の投資先を提案したりと、高い手数料なりの付加価値は多く存在します。その点は第5章で詳しく見ていきましょう。

第3章

富裕層とプライベートバンクはこうしてつながる

富裕層がプライベートバンクとつながるきっかけは？

ここまで富裕層の実態とプライベートバンクの概要を見てきましたが、実際にプライベートバンクがどうやって潜在顧客と接点を作っているのか、気になる方もいらっしゃると思います。

たとえば、日本にはかつて高額納税者公示制度がありました。いわゆる「長者番付」のことで、毎年週刊誌などで話題になったので記憶にある方も多いでしょう。富裕層ビジネスの従事者からすれば最高の顧客リストのようなものでしたが、個人情報保護や犯罪防止などの観点から2006年に廃止されました。

しかし、それ以外にもプライベートバンクが富裕層を見つけるさまざまな経路が存在します。私自身が前職時代に編み出したものも含め、今でもプライベートバンクや証券営業の現場で使われているテクニックを列挙してみましょう。

●預かり金が規定金額を超えたとき

これはわかりやすいケースです。

金融機関は預かり残高が大きい顧客の動向をチェックしています。もしあなたの残高が1億円を超えたら、おそらく支店長が本社のプライベートバンカーを引き連れて、菓子折りを持って訪問してくるでしょう。

◉資産管理会社から推測する

富裕層の多くは税金対策のために資産管理会社を持っています。帝国データバンクなどの企業情報データベースをうまく使えば、こうした資産管理会社を効率よく抽出することができます。

社員数が少なく、その割には売上高がそこそこあり、そして企業の「業種区分」に偏りがあるのが資産管理会社の特徴です。私が現役時代には、主業種が「不動産」で、副業種が「貸事務所業・貸家業」または「その他投資業」など。そして「売上5000万円以上」と「従業員5人以下」にして検索をかけていました。

◉登記簿謄本を取得する

街中を移動している際に豪邸が目にとまったときや、グーグルマップや住宅地図などで大きい敷地の家を見つけたら、該当する住所の登記簿謄本を取得するだけで所有者がわかります。

登記簿謄本は法務局に行けば誰でも取得できるので、感度の高いプライベートバンカーの間では、よく使われる手法です。

◉急成長している未上場企業を探す

上場準備中の会社の場合は必ずどこかの証券会社が主幹事としてつくので、上場が近づいてくると、その経営者に主幹事会社のプライベートバンク部門が挨拶に来るのは業界的にお約束のパターンになっています。

また、それ以外にもプライベートバンクは未上場の成長企業の情報をくまなくチェックしています。私もよく日経新聞や日経産業新聞、日経MJなどを隅から隅まで読んで、注目を集めている起業家を探していました。たいていはその起業家が大株主なので、会社が上場した暁には富裕層の仲間入りをすることが確実だからです。

実は私も最近、プライベートバンクからの打診が増えています（元プライベートバンカーに営業をかけるのは相当やりづらいと思いますが……）。その大きなきっかけとなったのは、2016年に「デロイト アジア太平洋地域テクノロジーFast500」という、アジアにおける技術・メディア・通信系企業の成長率ランキングで日本トップに、アジアで8位に入ったニュースが流れたからだと思います。

多くの起業家と同じように、今の時点では私も資産運用に回すキャッシュの余裕がないので、資産運用の具体的な提案を受けることはありません。打診があっても、資産管理会社の設立（後述します）くらいです。それでも、将来的な上場を見据えた「顔つなぎ」という側面があるのでしょう。

◉M&Aのニュースをチェックする

上場をしなくても企業の売却（M&A）によって大金を得る起業家もいます。こうした情報はプライベートバンカーであれば定点観測しています。

私もかつて、とある地域密着型の高級スーパーが大手に買収されたことを日経新聞の朝刊で知り、当日中にその（元）オーナーを訪問したことがあります。いざ打ち合わせが始まると、その間も次から次へと金融機関から飛び込み営業が来たり、営業目的と思われる電話があったのが印象的でした。

◉既存の顧客からの紹介

富裕層は富裕層どうしのコミュニティーを形成しており、マメに情報交換をしています。そのため、既存の顧客に対して満足度の高いサービスを提供していれば、自然と「知り合いの経営者が、いいプライベートバンカーを探しているんだけど」と紹介されるようになります。優秀なプライベートバンカーの元に顧客が集中するのはこのためです。

紹介であっても社内の審査にはかけますが、プライベートバンクからすれば願ってもない展開です。

もちろん、既存の顧客に「いい人いませんか?」とダイレクトに聞くケースもあります。

◉経営者団体などに入る

ライオンズクラブやロータリークラブなど、明らかに経営者クラスが集うコミュニティーが存在します。そこにプライベートバンカー自身が参加して「物色」をするのです。私も前職時代は、時に自腹を切って経営者の集いに参加していました。

ただし、そういった閉鎖的なコミュニティーでこちらから営業をかけると出入り禁止になる恐れがあります。雑談の延長として財務や事業承継の話をして徐々に信頼していただき、「今度、ご飯でも一緒にどう?」とお誘いを受けるのを待つケースが多いかと思います。

◉弁護士・税理士、不動産業者などからの紹介

弁護士や税理士、不動産業の人は、富裕層とのお付き合いが必然的に発生するので、信頼関係のある太いパイプを持っていることも少なくありません。プライベートバンクとしては当然、普段の仕事を通じて関係を持ち、富裕層を紹介してもらえるように努力します（そうした専門家との関係性は後ほど解説します）。

◉富裕層が自ら名乗り出る

富裕層が自ら、金融機関に「プライベートバンクで口座を開きたい」と出向いてこられることもあります。ただし、プライベートバンクの顧客の審査はかなり厳格で、犯罪歴のある人や暴力団関係者は当然拒否されます。

以上がプライベートバンクと富裕層がつながる瞬間、つまり「1億円の壁」の向こう側にいく瞬間の一例です。

プライベートバンクから声がかかったときの富裕層の反応は？

プライベートバンクから声がかかるときの富裕層の反応は、3つに分けられます。

1つは「アレルギー反応型」です。

これは過去に金融機関に商品をゴリ押しされて購入し、運用に失敗した富裕層に顕著です。私もかつて新規開拓のため、ある経営者を訪れたときに、「おたくの○○支店の営業マンから買わされた株で大損したよ」と苦い顔をされたことがありました。

プライベートバンクとマスリテールの違いを一から丁寧に説明できれば（門前払いされなければ）、突破できる可能性はあります。

もう1つは「待ってました型」。

仲間内のネットワークなどを通じてプライベートバンクのことを知っており、「いつかはお世話になりたい」と思ってきた富裕層です。抵抗感を持つことなく、真剣に話を聞いていただけます。

最後の1つは「お手並み拝見型」です。

ビジネスセンスに長けた「成り上がり型」富裕層にこのタイプが多いと感じます。そもそも普通の銀行に口座開設をするのとは異なり、プライベートバンクに口座を開設するのは具体的に何か商品を購入するタイミングになるため、冷静に話を聞いてメリットとデメリットをしっかりと見極めることがほとんどです。

こうしたタイプの富裕層は条件面についてもシビアで、交渉も一筋縄ではいかないケースが多くあります。あくまで合理的に判断を下すので、「人情」だけで取り入ろうとするプライベートバンカーがアプローチをして、逆に引かれてしまうことも珍しくありません。

プライベートバンクの良し悪しは、「担当者」と「チーム力」で決まる

では、実際にプライベートバンクから声がかかったとして、富裕層は何を基準に、そこと付き合うことを決めるのでしょうか？　すでに紹介した例のように、1社だけでなく、複数のプライベートバンクから同時に営業をされることもよくあります。

私たちが投資信託などを選ぶ場合は、過去の利回りを比較して「A社の商品のほうが良さそうだな」といった判断を下すことができます。ではプライベートバンクも運用成績による比較ができるのかというと、それは不可能です。

プライベートバンクの提案する運用戦略は、あくまでも顧客ひとりひとりの資産運用の目的、資産状況、嗜好、そしてリスク許容度に応じてカスタマイズされたものです。つまり、個別の金融商品ではなく総体として見たときには、同じプランなど1つもないので、比較しようがないのです。

では、プライベートバンクの良し悪しを決定づけるものは何かというと、「人」の一言です。具体的には、「顧客担当者の質」と「総合的なチーム力」を意味します。

特に、営業担当であり、なおかつチームを実質的に指揮するプライベートバンカーの質は極めて重要です。

人間的に好かれるだけではなく、知識、分析力、人脈、コミュニケーション力などを高い次元で持ち合わせていないと顧客からの信頼は得られません。一方、いったん信頼を得ると、プライベートバンカーが会社を移る際には顧客もついていくというケースもあり得ます。

ただ、日本の金融機関の場合、プライベートバンカーの転職はあまり多くありません（あるとすれば外資系にヘッドハンティングされるケースくらいです）。

日本企業では社内異動が頻繁に起きるので、プライベートバンカーが短期間で入れ替わるケースも多く、本来のプライベートバンクがあるべき「一生のお付き合い」ができないという構造的な問題を抱えています。これについては、今後、日本でプライベートバンクの文化が本格的に根付くためにも是正すべきでしょう。

また、いくら担当者が優れていても、1人の力だけでは決して顧客を満足させることはできません。プライベートバンクは必ず、以下のような専門家たちによって構成されるチームを用意しています。

◉社内のメンバー

リレーションシップマネージャー（プライベートバンカー）：顧客担当者
ポートフォリオマネージャー：資産運用の配分を決める専門家
プロダクトスペシャリスト：世界の金融機関が販売している商品を分析し、最適なものを選ぶ専門家。もしくは自社の金融商品開発をおこなう専門家
弁護士・税理士・公認会計士：社内業務との兼業
アシスタント：顧客の接待などリレーションシップマネージャーの補助的な役割を担う。若い女性が多い
アナリスト：会社によってはメンバーに加わる

◉社外のメンバー

弁護士事務所
税理士事務所・会計事務所
不動産会社
信託銀行
保険会社
各種コンサルタント　他

こうしたチームが特にその力を発揮するのが、事業承継や資産承継といった相続の課題です。

顧客となった富裕層自身が元気なうちはお金を増やしていくことに専念しても問題ありませんが、高齢になってくると必ず事業承継や資産承継といった相続の課題が生じてきます。

「今の状態で息子に社長をバトンタッチして問題は起きないか?」

「相続資産の配分は妥当か?　それが原因で一族がもめることはないか?」

「残される家族が相続税を支払うときの現金は確保できているか?」

こうした富裕層ならではの悩みを解決すべく、プライベートバンクは弁護士や税理士、不動産会社、信託銀行、オペレーティング・リース会社などの人的リソースを結集し、課題解決にあたるのです。

このとき、プライベートバンカーはチームのハブ、もしくはプロジェクトリーダーのような立ち位置になります。

相続対策で検討すべきことは膨大にあります。個別の課題だけを見ていけば税理士だけで解決できるものもあるはずです。でも税務の問題を解決したところで、「経営する企業の株式はどうするのか?」「保険はどうすべきか?」といった話が必ず出てきます。

このような業界横断的なチームを指揮できるのが、プライベートバンクの強みなのです。

プライベートバンクのスタイルを決める2つの収益モデル

もう1つ、富裕層が（海外を含め）プライベートバンクの選択肢を考えた場合に選択の基準となるのが、収益モデルの違いです。

プライベートバンクには2つの収益モデルが存在します。

1つは、**顧客の預かり資産の額に応じて毎年「管理手数料」を徴収するフィーモデル**。

もう1つは、**商品売買に対してそのつど「仲介手数料」を徴収するブローカレッジモデル**です。

ヨーロッパの老舗のように、中長期にわたった資産運用を前提とするプライベートバンクは、前者の「管理手数料」によって収益を上げるケースが主流です。つまり、顧客が年に何回売買しようと手数料は請求せず、そのかわり、その年の資産残高に対して「20ベーシス（0・2％）をいただきますね」というスキームです。

一方、日系や米系のプライベートバンクはほぼ全て後者の「仲介手数料」タイプです。また、UBSはスイスでは前者のモデルですが、米国では後者を採用しています。

この収益モデルの違いが、プライベートバンクの運用姿勢や顧客との付き合い方に大きな影響を及ぼします。

プライベートバンクの第一目的は顧客の資産を守り、一族の繁栄を手助けすること。そう考えると、前者の管理手数料ビジネスのほうが理にかなっていると思います。なぜなら、顧客の資産を減らすことは自分たちの利益を減らすことを意味するので、「資産をいかに減らさないか」ということが最優先されるからです。

これはかつてのプライベートバンクが原則として無限責任であったことも影響しているのでしょう。大きなリスクをとって資産運用に失敗したら、プライベートバンカーもその損害を負うことになるからです。

それにヨーロッパには、王侯貴族だけではなく、グッチ家、フェラガモ家といった代々続く名家が多数存在します。このような伝統的な富裕層は、お金は潤沢にあるので無理に増やす必要はありません。それこそ、リスク分散型の安全な資産運用をしてもらって、最低限、プライベートバンクに支払う管理手数料以上の利回りを出してもらえば、顧客としても御の字ということもよくあります。管理手数料ビジネスのほうが、顧客とプライベートバンクの利害が一致するという意味で非常に相性がいいのです。

一方の仲介手数料ビジネスでは、商品を買ってもらって初めて利益が出るため、どうしても営業攻勢をかける担当者が出てきてしまいます。

たとえば、シティバンクやＪＰモルガンのような銀行系であればローンを伴う商品を勧めるでしょうし、ゴールドマン・サックス、モルガン・スタンレー、野村證券、大和証券といった証券会社系であれば、株や債券を中心に顧客に勧めるケースが一般的です。

もちろん、やたらと商品を売り込んでおいて資産を目減りさせてしまうようでは、顧客は資金を引き上げてしまいます。なので、仲介手数料ビジネスだからといって「売ればいい」という無責任な態度をとるわけではありません。あくまで顧客に利益を出してもらおうと提案するわけです。しかし、お金を守ることを優先してほしい一部の富裕層からは、そうしたスタイルに若干不満を覚える方も出てきます。

自社株リッチな経営者に提案される「資産管理会社」とは？

すでにお話ししたように、プライベートバンクの顧客になるには、「金融資産1億円」という基準があります。起業まもない経営者の場合、1億円の金融資産を持っていないケースがほとんどです。でも、保有する自社株の価値が20億円以上あればプライベートバンクの顧客になるケースもあります。このとき、プライベートバンクが提案するのは、資産管理会社を用いた税金対策です。

ごくたまに、経営者が自社株を担保に入れて融資を引き出し、それを元にプライベートバンクで資産運用をするパターンもありますが、未上場企業や時価総額1000億円未満の企業ではかなりハードルが高くなります。逆に時価総額が1000億円を超えると、外資系プライベートバンクを含む金融機関が自社株を担保にローンを出してくれるケースは多くなります（株式の流動性が大きな理由です）。ちなみに、ただ単に担保に入れると、大株主名簿にプライベートバンクの名前が出てしまうため、それを回避するためにスイスの口座を使うというケースもあります。ここは引き続き、スイスの強みとなっています。

自社株リッチな経営者が資産管理会社を活用すると、どのようなメリットがあるのでしょうか。

株を持っている方ならご存じでしょうが、株の配当収入は一律約20％の「配当課税」が課せられるケースが一般的です。しかし日本の税制では、「上場企業の株の3％以上を保有している個人」の場合、その配当収入は「総所得」として総合課税の対象となり、合算されてしまいます。

すなわち、配当で得られる利益が配当課税ではなく所得税の対象となるので、自社株保有率の高い起業家で、仮に年収が4000万円を超えると、所得税が最高税率になり、住民税とあわせて55％が課せられることになります。

20％と55％。とんでもなく大きな差です。

これを解決する手段として、プライベートバンクが顧客に提案している手法が、オーナー社長やその他の大株主が所有する3％以上の株を資産管理会社に移譲してしまう方法なのです。もしオーナー社長が資産管理会社を持っていないなら、その設立支援もおこないます。

資産管理会社はあくまでも法人ですので、配当収入は「営業外収益」扱いとなり、所得税ではなく法人税の対象になります。

日本の法人税は下落傾向にあり、本書執筆時の法人実効税率は30・86％（東京都）となっています。所得税の最高税率の場合の住民税と合わせた税率55％と比べると、こちらも大きな差になるのです。

事業承継や資産承継のために プライベートバンクを利用する人も

先ほどお話ししたように、企業オーナーの最大の関心事である事業承継や資産承継も日本のプライベートバンクが得意とするところであり、その相談のためにプライベートバンクの顧客となる富裕層もいます。

そうした依頼があると、プライベートバンクはまず顧客に対して要望の確認と課題抽出のためのヒアリングをおこないます。場合によっては後継者の選定もお手伝いし、最終的な戦

図3-1 プライベートバンクによる事業承継支援の全体像

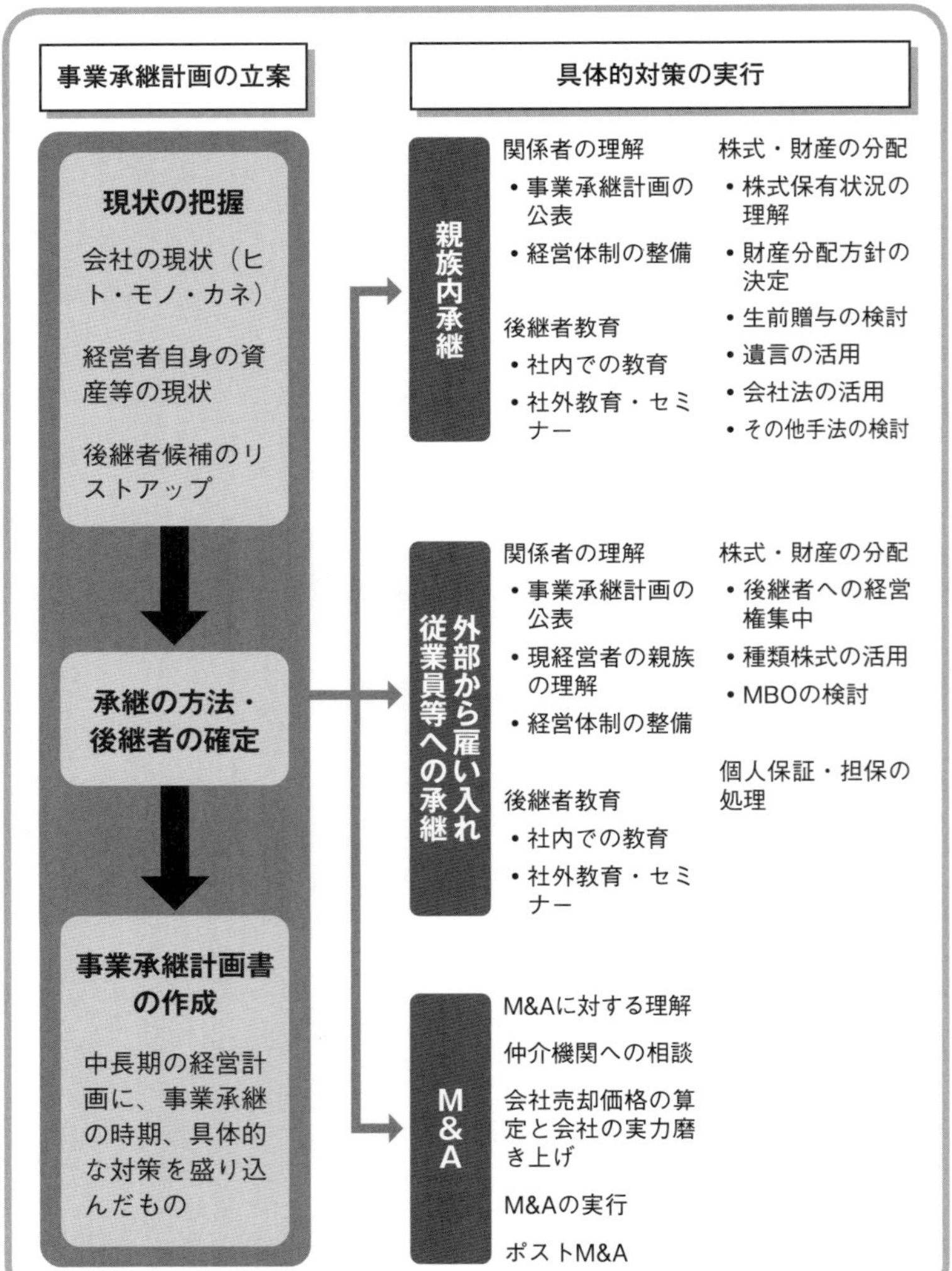

出所：事業承継協議会「事業承継ガイドライン」をもとに著者加工

略は計画書に落とし込まれ粛々と実行されていきます。

そのプロセスは多岐にわたりますが、資産の承継でポイントになるのは「増えづらい金融資産」と「増え続ける相続税額」のギャップをいかに埋めるかです。これは事業承継でも資産承継でも同じです。そのための施策は、部分的におこなっても最大の効果は望めません。顧客の資産構成やキャッシュフローを把握したうえであらゆる手を同時に打つ必要があり、その全体のプランニングとディレクションをおこなえることが（日系の）プライベートバンクの強みなのです。

【コラム】プライベートバンクによっておこなわれる「税理士はがし」

事業承継や資産の適正なアロケーション（配分）は経営者にとって大きな関心事であるにもかかわらず、プライベートバンク側から見てしばしば障害になるのが、その経営者と長い付き合いのあるお抱え税理士の存在です。

特に地方の富裕層になると、お金回りのことについては特定の税理士1人に全幅の信頼を寄せているケースがよく見かけられます。そういった富裕層に対してプライベートバンクが、たとえば事業承継のスキーム構築の打診をすると何が起きるか。

まず、顧客はたいてい「そんな方法があったのか！」と好反応を示します。でも最後は「話が複雑だからうちの税理士とうまくやってくれ」と言うのです。

もちろん、そこでその顧問税理士とプライベートバンクが協調体制を取れれば理想的です。でも、実際には拒絶反応を示す税理士が多く、社長に対して「あんな危ないことをして国税に目をつけられたらどうするんですか」と無駄に足を引っ張るケースが多いのです。

日本のプライベートバンクが税理士事務所などと組んで提案する内容は、「シロ」であることを徹底的に確認したうえで練られたものです。大事な顧客にとってマイナスに作用するようなものを提案するわけがありません。

このような展開になるとプライベートバンクはアプローチを変え、業界用語で「税理士はがし」と呼ばれる作戦にうって出ます。

具体的には、ミーティングの場に顧客のお抱え税理士を同席させ、プライベートバンク側が用意した税理士が、そのお抱え税理士を徹底的に質問攻めにします。プライベートバンクが用意する税理士は資産承継を得意とする大手税理士事務所の精鋭ぞろいですから、たいていの場合、相手の税理士はタジタジになります。

というのも、世の中の税理士には、確定申告は得意でも事業承継や資産承継については不慣れな人が多くいるのが実情なのです。

あえて強めに仕掛けるのは、「顧客ファースト」という当たり前のことを顧客とその税理士に改めて理解してもらうためです。「懸念材料があるからやらない」ではなく、「懸念材料があるならそれを1つ1つクリアしていく」ことこそがプロのスタンスであるはず。そういった意識の違いを知ってもらう貴重な場になっているように思います。

これをおこなうと、多くの場合、社長お抱えの税理士はそのプロジェクトから降ります。文字にすると感じが悪いかもしれませんが、医師の世界に外科、内科、小児科、産婦人科などがあるように、税理士といっても専門分野はさまざまということです。

ただし、なかには税務の最適化の知識・ノウハウを持っているのに、あえてプライベートバンクのプランに反対する人もいます。

1つの理由は、プライベートバンクの提案をのむことは、その時点まで傍観していた自身の否定につながるから。もう1つの理由は、顧問契約料が年々目減りしている状況で、複雑な仕事はできるだけ避けたいと思うからです。後者については税理士業界のビジネスモデルが抱える課題だともいえます。

プライベートバンクの非金融サービス一覧

プライベートバンクが富裕層に提供している具体的な資産運用法については次章以降で説

明します。ここではそれ以外にどのようなサービスを顧客に提供しているのか、主だったものを挙げていきましょう。

こうした非金融部分でのサービスも富裕層にとっては大きな魅力であり、プライベートバンクとしてもそれを理解し、力を入れています。

◉ステータス系サービスの紹介

自分の資産を数字で公言することには抵抗があっても、ステータスであれば自慢したいと思う富裕層は多くいます。ステータスを表すものとしては「ブラックカード」が典型ですが、それ以外にも、限られた人しかメンバーになれないコミュニティーやラウンジ、サロン、バー、ゴルフ場など、プライベートバンクの顧客になることで開く扉がたくさんあります。

プライベートバンクは、お金さえ持っていれば無条件で顧客になれるわけではありません。各社独自の身辺調査をするので、犯罪歴のある人やグレーなビジネスをしている人は審査で落ちます。つまり、プライベートバンクの顧客であるということ自体が一種のステータスであり、厳格な会員制のところでもすんなりと会員になれるなどの特別待遇が受けやすいのです。

◉事業成長のサポート

顧客が経営者の場合、その会社の繁栄はオーナー社長の保有する資産が増えていくことを意味するので、プライベートバンクにとっても重要なことです。

その点で有利なのが大手金融機関系のプライベートバンク。銀行系であれば本部と掛け合って有利な条件で事業融資を引き出したり、証券系であれば第三者割当増資の手配をしたり、もしくは金融機関ならではのネットワークを活かしたビジネスマッチングをすることもあります。

◉子供の教育の支援

富裕層の多くは一般の家庭と比べると子供たちの教育にとても熱心です。そのためプライベートバンクは富裕層の子供限定のサマースクールを主催したり、グローバルなネットワークを活かして進学先、留学先の学校の情報を集めたり、富裕層限定のカリスマ家庭教師・英会話教師などを斡旋したりします。

また、各プライベートバンク自身が、富裕層顧客の子供をインターンとして受け入れ、直接教育に貢献することもあります。

◉最先端医療施設・高級老人ホームなどの情報提供

いくらお金があっても寿命は買えないというのは過去の話。ここ数年の医療技術の急速な発達で、お金を積めば若さも美貌も健康もある程度は買えるようになりました。あと20年もすれば、富める者だけが不老を手に入れることができる、映画のような世界が訪れる可能性もあると思います。

富裕層は健康や美容に対する関心が非常に高いので、一流のプライベートバンカーは海外を含めた最先端の医療施設や、富裕層限定の老人ホームの情報などを日々収集し、顧客に提供しています。

◉オーダーメイド旅行の斡旋

サウジアラビアのサルマン国王が来日した際、飛行機から降りるためだけのエスカレーター式タラップや防弾仕様の車を祖国から事前に送り、さらに帝国ホテルを1棟借り切っていたことが話題になりました。

ここまでのスケールにはならないとしても、超富裕層が旅行をするとなると大ごとです。綿密なスケジュールを組み、それぞれに快適な移動手段を用意し、予約の難しいホテルやレストランを押さえ、家族の要望に応じたアクティビティを手配するのはプロにしかできません。

このようなオーダーメイドの旅行を得意とする旅行会社として有名なのがJTB首都圏のロイヤルロード銀座。2016年にはプライベートジェットを専門に扱う専用デスクも開設しています。プライベートバンクはこのような旅行会社と密に連携しています。

また、顧客が経営者の場合、海外でのビジネスマッチングなどをセッティングして、プライベートバンカーが通訳を兼ねて終始行動を共にすることもあります。

いささかやりすぎかと思われるかもしれませんが、顧客と数日間行動を共にできるチャンスなど滅多にありません。出張のアテンドは顧客の信頼を強固なものにできる願ってもない好機なのです。

◉顧客の話し相手

顧客の人生に寄り添うことが仕事であるプライベートバンカーにとって、顧客からビジネス的な信頼関係を勝ち取ることは当然重要ですが、それと同じくらい重要なのが人間的信頼関係を構築することです。

特に相手が経営者の場合、家族や社員の前ではなかなか弱音を吐くこともできず、悩みを1人で抱えている人も少なくありません。もしくは配偶者に先立たれ、子供たちも独立し、普段は1人で暮らしている富裕層もたくさんいます。

そのような場合、一流のプライベートバンカーは、普段の仕事モードから切り替えて、な

図3-2 プライベートバンクの多岐にわたるサービス

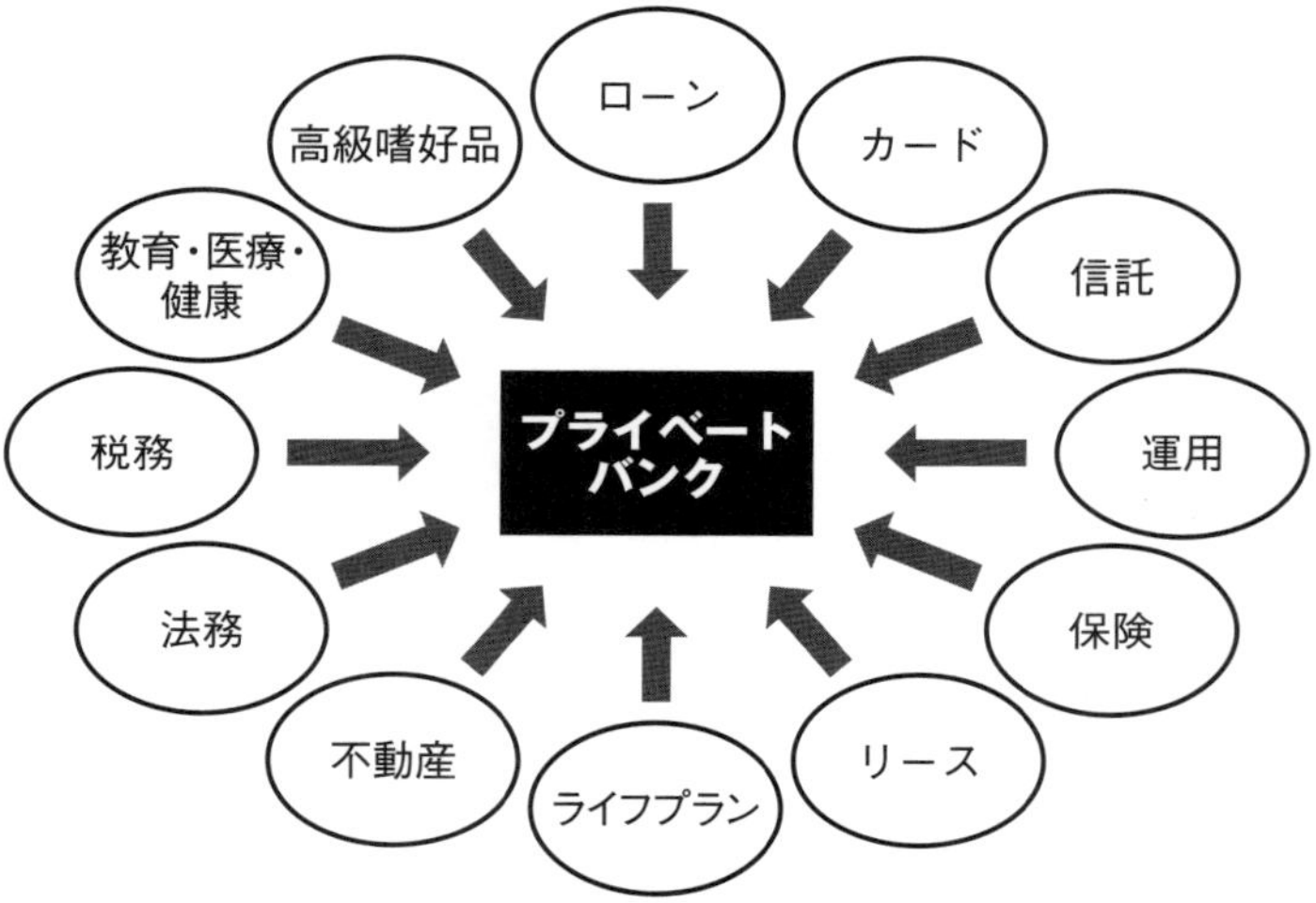

かば「友人」として顧客の愚痴を聞くことがあります。

バンク・オブ・シンガポール（BOS）のプライベートバンク部門の実情を暴いた『プライベートバンカー』（清武英利著、講談社）の中でも、若い女性アシスタントが現地に単身で暮らしている富裕層と焼き鳥屋でお酒を飲んでいるシーンが描かれています。

海外のプライベートバンクのジャパンデスクは、日本の相続税を逃れるために現地に10年以上住まないといけない「10年ルール」を実践している富裕層を相手にすることが多いからで、時間を持て余している顧客の相手をすることも立派なサービスの1つなのです。

こうした付き合い方は「日本ならでは」

と思われがちですが、スイスにあるような小規模な老舗プライベートバンクは、それこそ家族ぐるみで顧客と付き合うこともザラです。

◉チャリティ活動の支援

財団や基金の設立サポートは海外のプライベートバンク各社もかなり注力しているサービスで、それは裏を返せば、海外の富裕層にとって慈善活動はそれだけ大きな意味を持つということです。

日本でもサントリーやベネッセのオーナー家が財団を設立しているのは有名な話で、財団が同社の大株主にも名を連ねています。たとえばベネッセの大株主の福武財団は、同社最高顧問でありオーナー家の福武總一郎氏が個人資産を寄贈し、設立したものです。美術館運営などを通して地域文化や芸術の発展に貢献しています。

またソフトバンクグループの孫正義社長は、2016年末に自らの私財で海外留学を支援する「孫正義育英財団」を立ち上げ、iPS細胞の研究でノーベル賞を受賞した山中伸弥教授が副代表理事を務めています。

同財団が公表している資料の評議員一覧を見ると、野村ホールディングスとスイスの老舗プライベートバンク、ジュリアス・ベアのCEOが名を連ねていることがわかります。推測の域を出ませんが、特に後者のジュリアス・ベアについては財団設立に関わっていることが予想されます。

富裕層が財団を設立する動機は「社会貢献」が主たるものであることは間違いないものの、「社会的評価」や「税金対策」といった思惑も混ざっていると考えるのが自然でしょう。

ブラックカード目当てでプライベートバンクの顧客になる人も

先ほど、ステータスの象徴として言及した「ブラックカード」に関するエピソードを1つ紹介しましょう。

私が野村證券を退職したあとの話ですが、ある若い社長が「資産運用の幅を広げたい」と言うので、昔のよしみで野村のプライベートバンカーに引き合わせたことがあります（ちなみに外資系のプライベートバンクには紹介者に運用資産の一部を継続的にキックバックする制度がありますが、日本では金融業法の規制などの理由で、基本的には存在しません）。

後日、プライベートバンカーからお礼の連絡があったので資産運用の方向性は決まりましたかと聞いてみると、「資産運用はあまり急ぎではないようで、それよりもブラックカードの発行を依頼されています」と言われました。

野村證券のプライベートバンクが提携しているのは、ブラックカードの元祖であるアメリカン・エキスプレス。正式名称をセンチュリオンカードといいます。年会費35万円で使用限度額はありません。基本的にカード会社から声がかからないと発行されないものですが、野村證券に一定額以上預けていて、プライベートバンク経由で申し込めば、何か特段の問題がない限りは発行されます（本書執筆時の情報です）。

資産管理そのものよりも、プライベートバンクの顧客の特権に惹かれて口座を開設する、というケースは決して珍しくありません。特に成り上がり型の富裕層のあいだでのブラックカード人気は根強いものがあります。彼らは毎日のように経営者や投資家、業界の重鎮、政財界関係者などとの会食があるので、そこでクレジットカードの色で「値踏み」されることを意識しているのでしょう。

特に高級クラブでのホステスの態度は露骨なもので、ゴールドカードはもはやダサくて、プラチナですら「プラチナなんですね！」とは言ってきません。ブラックカードを持ってようやくお店から大事にされるのが高級店の実態です。

「ステータスに浮かれるなんてくだらない」と思うのが、普通の人の感覚だと思います。おそらく成り上がりで富裕層になった人たちも、お金を持つまではそのような感覚だったはずです。

でも人は多かれ少なかれ他人との比較で生きているわけで、今まで持ったことがないものを持ち、会ったことのない人と会い、入ったことがない場所に入り、新しい世界を知っていくと、ステータスの魔力のようなものにハマってしまうのは仕方のないことなのです。

ただし興味深いことに、若いときにステータスにハマったり、派手な遊びを一通り経験すると、その後ほとんどの富裕層は落ち着きます。一種の虚しさというか、それでは心が満たされないと感じる方が多いようです。

マズローの欲求ピラミッドでいえば、自己実現欲求や承認欲求のステージを卒業する瞬間。この段階になるとベンチャー投資に興味を持ったり、財団設立に関心を持ったりする富裕層が増える傾向にあります。

究極形はファミリーオフィス

ここまでの話からも推察できると思いますが、プライベートバンクの価値は「カスタムメイド」の一言に尽きます。

言ってしまえば、プライベートバンクは「顧客のどんな突飛な要望にも応える超高級レストラン」のようなもの。手間もそれだけかかるため、プライベートバンクは安易に間口を広くすることはできません。

図3-3 プライベートバンカー1人当たりの平均顧客数

準富裕層担当	136人
富裕層担当	55人
超富裕層担当	21人
ファミリーオフィス	1人

私がシンガポール留学時代に大学院の授業でもらった資料によると、プライベートバンカー（リレーションシップマネージャー）1人当たりの平均顧客数は、預かり資産50万ドル以上の「準富裕層担当」は136人、100万ドル以上の「富裕層担当」で55人、300万ドル以上の「超富裕層担当」になると21人に減ります（いずれの金額も、そのプライベートバンクに預けている分のみの資産です）。

預かり資産に比例してプライベートバンカーの受け持つ顧客数が減るということは、お金を持っている人ほど手厚い対応と深い提案が受けられるということです。

そのカスタムメイドの究極ともいえるのが「ファミリーオフィス」と呼ばれる形態です。

これはいってみれば「自分専用のレストラン」。たった1つの家族のために、第一線で活躍する資産管理のプロや、税理士、会計士、弁護士、さらには財団設立のプロやアートの専門家などが高給で引き抜かれ、フルタイムまたはパートタイムで従事します。

フォーブスの2017年度版世界長者番付によれば、資産総額が10億ドル（1130億円）を超える「ビリオネア」は世界に2043人います。

トップのビル・ゲイツ氏に至っては10兆円。スロバキアのGDP並みです。ゲイツ氏は一族のためにファミリーオフィスを持っていることでも有名です。

ここまで桁外れに資産を持っていれば、わざわざ手数料を払って外部のプライベートバンクに委託するより、自分の資産管理会社であるファミリーオフィスに優秀なスタッフを雇用したほうが合理的です。

このような1つのファミリーに特化したファミリーオフィスを「シングルファミリーオフィス」と呼び、複数のファミリーを同時に担当するファミリーオフィスを「マルチファミリーオフィス」と呼びます。

ちなみにヨーロッパの老舗プライベートバンクの多くは、ファミリーオフィスが原点です。特定の王侯貴族などの資産を管理することから始まり、ノウハウをためていく過程で他の一族の資産も管理するようになり、発展してきたのです。米国でも日本円で数十億円を超えるクラスの超富裕層になれば、ファミリーオフィスを持つことが一般的になっています。

日本ではまだファミリーオフィスは普及していません。1000億円の資産を持っていても1億円の資産を持つ富裕層と同じようなサービスしか受けられないこともあります。

しかし、富裕層ビジネスが成長産業であることを考えると、いずれ日本でもファミリーオフィスが活発になるときがくるでしょう。考えようによっては、孫正義氏、三木谷浩史氏、柳井正氏のような日本を代表する富裕層が、自分の資産管理会社に投資のプロや税務などの専門家を集めていって、知り合いの経営者の資産運用なども始めたら、100年後にはその資産管理会社が世間からは「プライベートバンク」として認知されている可能性もあるということです。

プライベートバンクを必要としない富裕層もいる

富裕層だからといって、必ずしもプライベートバンクに関心を持つわけではありません。事業が絶好調の事業家や自ら高利回りをあげている個人投資家は、プライベートバンクに興味を持たない傾向があります。そうした人たちからすれば、「プライベートバンクに預けるよりも、自分でやったほうが高い利回りが出せる」ということになるからです。

たとえば、マレーシアで出会った、上場企業で時価総額数百億円規模のコングロマリットグループの2代目オーナーは、為替リスクの対策のために外貨預金はするものの、運用にはほとんど興味を示しませんでした。

彼いわく、「自国の経済が絶好調で、自分の会社の事業に投資すれば20、30%で回せるのにわざわざ他社の株を買う必要はないし、どうせマレーシア国内経済が悪くなったらプライベートバンクによる資産運用も含めて全部悪くなる」というのが持論。妙に納得させられたことを覚えています。

また最近では、ＩＰＯやバイアウト（自分の会社を大手企業に買ってもらうこと）で成功した富裕層が、手にしたお金を若いベンチャー起業家たちに循環させる、いわゆるエンジェル投資も増えています。

こうした富裕層は、仮に金融商品の知識は乏しくても、事業の良し悪しを見抜く目を持っています。だとすればそれを使って、社会に貢献しつつ投資をしていきたい、と考えるのも自然です。

ベンチャーへの投資は、ゼロに終わる可能性の高いリスキーなものです。でもシードラウンド（初期段階）で出資した会社が1社でも上場すれば、保有する株が数百倍、数千倍に化け、しかも社会に大きなインパクトを与える可能性も秘めています。そこから得られるロマンや高揚感は、プライベートバンクへの投資では得ることができません。

こうしたベンチャー投資を好む富裕層も、差し迫った資産承継のニーズが生じない限り、プライベートバンクに興味を示さない傾向があります。

第4章

プライベートバンクが教える資産運用の10原則

富裕層の実態とプライベートバンクの基礎知識を押さえたところで、ここからはプライベートバンクが提供する、資産運用の知識やノウハウの話に移っていきましょう。

まず取り上げるのは、「資産運用の10原則」。多くのプライベートバンカーが顧客に対してしばしば教える、資産運用における基本的な知識や考え方です。当然ながら富裕層にのみ有効なものではなく、誰にでも必須の知識です。また、私が野村證券での経験やシンガポールでの留学、ZUUの経営など、さまざまな経験をふまえ、改めて整理し直したものですので、皆さんのお役に立てるものが多いと思います。

当然、プライベートバンクは資産運用のプロですし、顧客に寄り添ってアドバイスをするので、顧客が金融商品や資産運用について必死に勉強する必要はありません。極端な話、プライベートバンクで口座を開きさえすれば、顧客に資産運用についての知識がまったくなくても、プライベートバンク側が最適なスキームで、最適なタイミングに、最適な商品を選んで運用してくれます。

ただ、資産運用の大枠について最終判断を下すのはやはり顧客です。これは会社にCFOがいたとしても最終判断はCEOが下す関係に似ています。プライベートバンカーが顧客に対して「このような方向でいきますね」と確認をしたり、「こういう理由でこういった商品を買ってはどうですか」と打診をしたりするときに、顧客が終始チンプンカンプンでは良好な関係とは言えません。せめて文脈を共有できるくらいの金融リテラシーを身につけてもらうことはプライベートバンクの重要な仕事でもあるのです。

原則1 ゴールを明確にし、逆算する「ゴールベース資産管理」を

私がシンガポール留学時に入手した、スイスのプライベートバンク各社の顧客管理のプロセスを比較した一覧があります（図４-１）。この資料からわかることは、各社とも独自の言い回しを使ってはいるものの、アドバイザリースタイルは一緒だということ。すなわち、

①顧客について知る
②顧客の課題を明確にする
③顧客のゴール（資産運用の目的）を明確にする
④選択肢を洗い出す
⑤選択肢を評価する
⑥顧客に行動方針を確定してもらう
⑦結果を評価する

という順番です。

ここでもっとも重要なのが①～③の「顧客理解」のプロセスです。海外のプライベートバンカーは顧客に対して「What's your ultimate goal?（人生の究極のゴールは何ですか？）」という質問をよく投げかけます。

その答えから逆算して、「○○歳までに△△を実現する」といった形で、フェーズごとに中間ゴールを設定していき、そのゴールごとに資産運用を決定していくのがプライベートバンカーの典型的なアプローチです。こうした資産管理の手法を「**ゴールベース資産管理**」といいます。これが、プライベートバンクが教える資産運用原則の第一になります。

株式投資家としても有名な本多静六氏は、その書籍の中で「地図のないところに航海（後悔）はない」という名言を残し、人生の計画という地図を作ることの重要性を説いています。私はこの言葉にまったく同感です。人生において何かを本気で成し遂げたいのであれば、不確実な時代であっても面倒がらずに中長期の人生計画を立て、そして愚直にＰＤＣＡを回していくしかないのです。

そういった前提の知識なく資産運用をしようとすると、「なぜそのお金が必要なのか」「自分や一族は将来、どうありたいのか」という「究極のゴール」が抜け落ちてしまうことがよくあります。それでは中長期の戦略が立てられません。

図4-1 スイスPB各社の顧客管理のプロセス比較

		ベレンバーグ	クラリデンロウ	クレディ・スイス	ピクテ	UBS	ボントベル
理解(Understand)	①顧客を知る	分析	顧客のニーズ 投資のプロファイル	ニーズの分析 ファイナンシャル・コンセプト	(分析) 税金と金融状況の分析	顧客理解	ニーズの明確化 データの見直し
	②問題を定義する			投資家のプロファイル	(資産の安全な成長) フィナンシャル・プランニング		個別分析の整備
	③顧客の目的を見極める						
定義(Define)	④選択肢を定める	戦略 戦術的配分	投資提案	投資戦略	投資戦略	提案	詳細な戦略の決定
	⑤選択肢を評価する				投資提案	同意と遂行	
実行(Implement)	⑥顧客による行動方針の決定	再配分 コントロール	ポートフォリオ管理	遂行	該当資産の管理		投資法の実行
コントロール(Control)	⑦結果を評価する				(コントロール) 報告	レビュー	定期的なレビュー(戦略と投資法)

プライベートバンクもプロですから、顧客から「お金をできるだけ増やしてくれ」と言われれば、さまざまな手を打つことはできます。でも、どれくらいアクセルを踏み込んでいいのか、顧客がどれだけのリスクを許容できるのか、そしてどこまで到達すれば満足なのか、具体的に何をすれば喜ぶのかといったことがわからないと顧客満足にはつながらないのです。

ただし、これは言うは易くおこなうは難しです。信頼関係が築けていない相手に自分の人生の究極のゴールや本音を教えてくれる人は、ほぼいません。

リアルな例を出せば、富裕層のなかには家庭の外にもう1つの「家庭」を持っていて、そこにも自分の財産を相続させたいと思っている人もいるのです。その手段は、信託や保険、生前贈与といくつもあるのですが、まずはその課題が共有されない限り、プライベートバンカーとして貢献できないわけです。

こうしたパーソナルな情報は、仕事のみの関係性やインタビューのテクニックだけでは出てきません。顧客からの信頼を得て、初めて話してもらえるものです。だからこそ一流のプライベートバンカーには、人間力と傾聴力が必要になるのです。私は世界中でプライベートバンカーに会うたびに「プライベートバンカーにとって最も重要なことは何か?」と質問するようにしていますが、その質問に対して「顧客との信頼関係を構築する力だ」と答えるプライベートバンカーが実に多いのです。スイスのプライベートバンクの会社資料を見ても

「Listen」「Understand」という言葉が強調されています。

また、このときに導き出すゴールはできるだけ具体的な形に落とし込むことも重要です。たとえばクライアントが、「リタイアした後はハワイにプール付きの物件を買って移住し、自分が死んだあとは家族にも資産を残したい。かつ、できるだけ早く経済的に恵まれない子供たちに奨学金を出す基金を立ち上げたい」という「究極のゴール」を持っているとしましょう。その場合、具体的にハワイの物件価格はいくらくらいで、家族にはいくら残して、基金の規模はどれくらいにするのか、といった数値目標が必要になります。

また、老後が何年続くかわからないので、毎月いくらくらいあれば満足できるかといったことも明確にしないといけません。こうした試算のお手伝いもプライベートバンカーがおこないます。

ゴールが明確になれば、投資戦略を立てるときのリターンとリスクが見えてきます。

そのときに大きな意味合いを持つのがゴールを達成したい期日です。たとえば、資産を2倍にしたいといっても、それを10年でおこなうのか20年でおこなうのかで、目指すべき利回りが変わってきます。もし高い利回りを実現する必要があるなら、それだけリスクも取らないといけません。ということは顧客にそのリスク許容度があるのかどうかも大事なポイントになってきます。

実際に、富裕層がどれくらいの資産運用の目標値を持つかは千差万別ですが、相続型の方々はインフレに勝っていくような固めの運用、成り上がり型は自分の事業があるという自信から、高い利回りを求める傾向が強いです。あえて平均をとるなら、だいたい次のような利回りになるでしょうか。

- 相続型、もしくはキャッシュフローの乏しい富裕層が求める利回り
 ↓1～3％
- 成り上がり型、もしくはキャッシュフローが潤沢な富裕層が求める利回り
 ↓3～10％

原則❷ バランスシートで家族の資産を可視化する

一般家庭でお金の状態を可視化するツールといえば、家計簿でしょう。お金の入りと出を記録することで支出の割合が大きい項目を洗い出し、キャッシュフローを改善させることが主な目的です。この家計簿は、会社でいえば「ＰＬ（Profit and Loss statement、損益計算書）」にあたります。

図4-2 ＢＳ（バランスシート）の基本的な形

総資産の部	負債の部
流動資産	流動負債
現金：2000万円	買掛金：1000万円
商品：2000万円	固定負債
売掛金：1000万円	長期借入：2000万円
固定資産	純資産の部
土地建物：5000万円	資本金：5000万円
	利益剰余金：2000万円
合計額：１億円	合計額：１億円

ただ、富裕層にしてみれば、極端な浪費は確かに問題になるものの、毎月数万円単位で節約をしたところで大した効果はありません。まったく意味がないとまではいいませんが、「資産を増やす」という大きなＰＤＣＡを回すときに最優先される課題ではないはずなのです。

それよりも重要なことは、資産構造の可視化による正確な資産の把握です。

そこで、多くのプライベートバンクが作成を提案するのが、図4-2のような「ＢＳ(Balance sheet、貸借対照表)」です。

ＢＳは表の左に「総資産」、右には「負債」と「純資産」がきて、左右の値は常に同じになります。左の「総資産」は「運用形態」、つまり顧客の現状のポートフォリオそのものであり、右は「資金の調達源」、つまり顧客が自由に使える資産が実際にどれだけあるのかを把握できる表になります。

BSは一般的に企業の財務状況を表すものと考えられていますが、資産運用を真剣に考えるのであれば、個人の資産もBSで管理すべきです。その重要性については、世界最大手のUBSのプライベートバンク部門のバイスチェアマン（副会長）から直々に教わりました。ビジネススクールのプログラムの一環としてスイスを訪問した際、日本人ではなかなか足を踏み入れる機会の少ないチューリッヒのUBS本社で研修を受けることができました。そのときの講師の1人がバイスチェアマンで、「こんな機会は滅多にない」と、講演後に話しかけたのです。

お話の内容でとりわけ記憶に残ったのが、UBSでおこなっている富裕層顧客に対するコンサルティングのプロセスの話でした。「精度の高い投資戦略を練るためには、最初のヒアリングにたっぷりと時間をかけ、顧客の資産をBSとPLを用いて正確に把握することが何よりも重要である」と教わったのです。

参考までに、研修で教わった、より詳細なBSの使い方も紹介しましょう。

顧客の資産を「現金」「有価証券」「自社株」「不動産」「年金」「保険」などに区分し、それぞれを「負債（借り入れ）」と「自己資金」に分け、区分（資産クラス）ごとに課題を抽出して提案をしていくというものです（図4-3）。

課題が整理されるので顧客としても納得感がありますし、プライベートバンクとしても全

図4-3 プライベートバンクの個人用BSの使い方

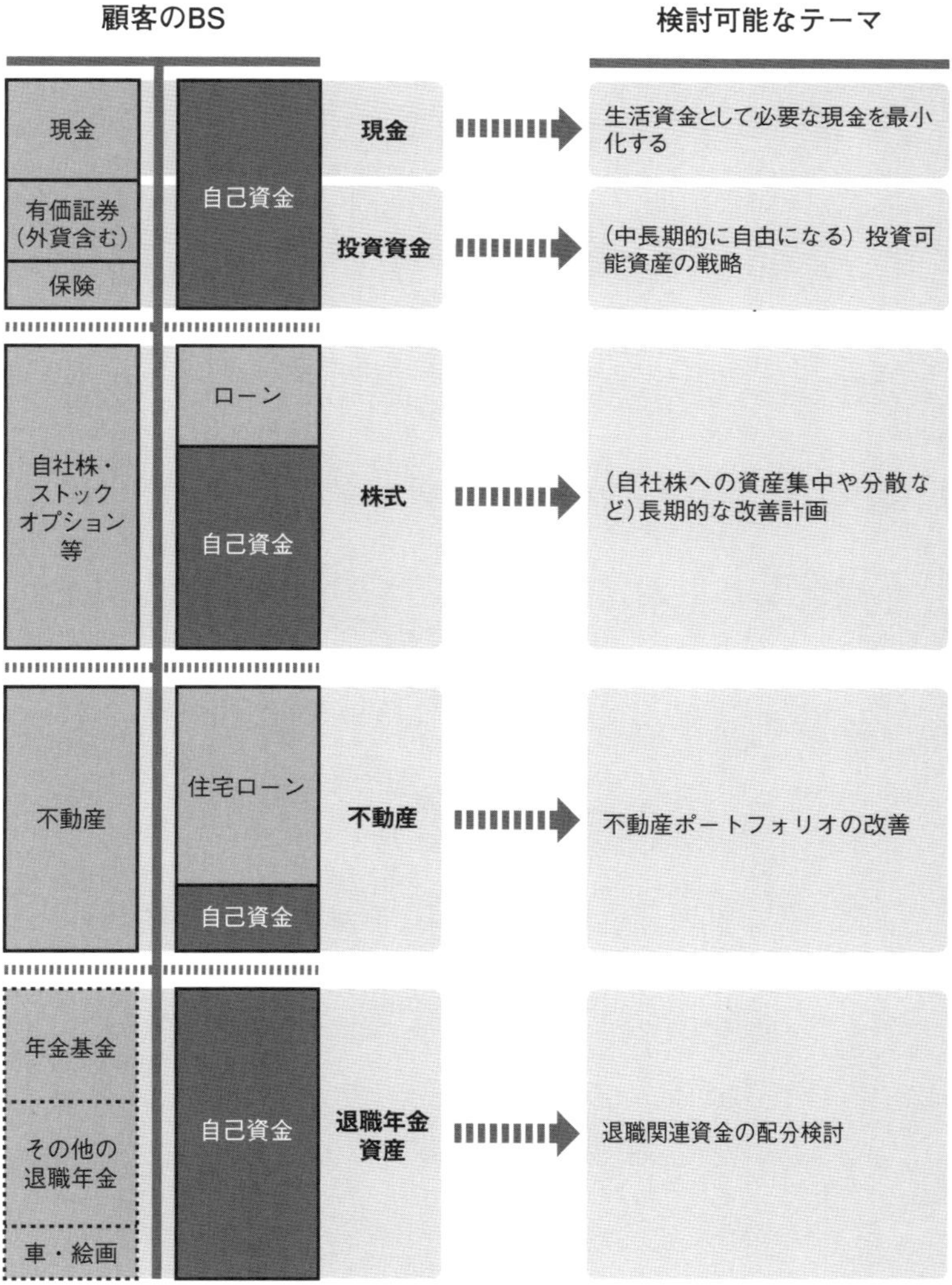

体像が把握できるのでベストな戦略を練ることができます。

たとえば借り入れ比率が多いのであれば、もしかしたら金利が重荷になっているかもしれません。そのとき、資産の中にお金を生んでいない不動産などがあったら、それを売却して負債率を下げることも一手です。

逆に、借り入れ比率が低くて金融資産ばかり持っているのであれば、「インフレに備えるために、銀行融資を受けてマンションを1棟くらい買っておきませんか?」というアドバイスもできるでしょう。

特に税金の存在感が圧倒的に強い日本では、資産のアロケーション（配分）で得られる節税効果は、コツコツと資産運用をするよりはるかに大きいことが多いので、なおさらBSは有効だと感じました。


そもそもごく自然に資産が分散することが多い富裕層の場合、自分の資産を正確な数字で把握できているケースはあまり多くありません。

でもこうした手間をかけないと、仮に相続をするとしたら家族にいくら残るのかもわかりませんし、現状で消費と投資にどれくらい回していいのかもわかりません。「自分が裕福な生活をしているから、自分が死んでも家族も裕福な暮らしができるはずだ」と短絡的に考えて資産を把握しようとしない富裕層は珍しくないのです。

もっといえば、自分が本当にお金持ちなのかどうかもわかりません。たとえば「自分は資産価値10億の不動産のオーナーだ」と豪語する人がいても、そのうち9億5000万円が借り入れなのであれば、金利が少し上がった時点で返済不能になるでしょう。

現在の資産の多様性と複雑さを考えれば、BSによる資産の棚卸しは資産運用の基本といえるのです。

もちろん、同様の知識は日本でもすでに定着しており、日本の金融機関の多くでは**「バランスシートアプローチ」**という名前で富裕層に対するアプローチツールとして使われています。

富裕層ではない人でも、自分の資産がどれくらいなのか、どのように配分されているのかを正確に把握している人は多くありません。ぜひ、プライベートバンクが推薦する「バランスシートアプローチ」を実践してみてください。

【コラム】顧客の資産状況を聞き出すプライベートバンカーのトーク例

バランスシートアプローチの最大のハードルは、顧客が自分の資産状況を正直に話してくれない恐れがあることです。「正直に答えたら足元を見られる」と感じるからでしょう。そんなときに私が富裕層に対してよくおこなっていたトークの流れを紹介しておきます。

ＰＢ「社長、バランスシートはご存じですよね」

社長「当たり前だろう」

ＰＢ「そうですよね、すみません。では個人のバランスシートはご存じですか？」

社長「ＢＳは企業の決算用だろ？」

ＰＢ「もちろんそうなんです……が、実は個人にも有効だということを最近、学んだんですよ」

社長「なるほど」

ＰＢ「個人の資産の場合、まず現金がありますよね（目の前の紙にＢＳを書き始める）。さらには保険、年金やご自宅。あと、僕たちは証券会社なので有価証券もお持ちだとうれしいなぁ、と。あとは、社長はオーナーですから自社株もお持ちのはずですよね。利益ベースで把握させていただきましたけど、おそらく10億円の価値はくだらないでしょうね（顔色を見る）」

社長「続けて」

ＰＢ「で、ＢＳの右側に移ると、不動産も自社株も借り入れをしながら取得されたと仮定するなら、これくらいですかね。アバウトに書いて本当にすみませんね。で、残りが純資産になりますよね」

社長「うん」

PB「ただ、ですね。社長の自社株の価値がこれくらいあって、ご自宅も路線価を調べさせてもらいましたが最低でも2億円はしますよね。ということは、単純に相続税で3億円くらいかかってくるわけですね」

社長「そうか……」

PB「ここで1つ質問させてください。会社の場合、未払いの法人税って負債ですか、純資産ですか?」

社長「払うべきものだから負債だろう」

PB「そうですよね。じゃあ、未払いの相続税ってどっちだと思いますか?」

社長「ん……負債になるということか」

PB「そうなんです。ということは、資産はこれだけあっても相続後を考えると純資産はこれだけしか残りません。でも、ご家族のために少しでも多く資産を残したいですよね」

社長「もちろんだ」

PB「だとすると、左側で大きな割合を占める自社株や不動産を圧縮するのが有効な手段になると思うのですが、このあたりについてもう少し具体的にお話を聞いていいですか?」

実際にはもう少し丁寧におこないますが、この流れで話を進めると、経験上、8割以上の人が資産状況について教えてくれます。

このように突破口が開けたら、この後の流れとしては株価算定をしたり、不動産の固定資産税納税通知書などをもらったりしてさらに具体的な試算に入ります。そして内外の税理士もチームに入れ、圧縮シミュレーションをおこなうのです。

原則❸ 円建ての預貯金のみに頼らない

875兆円もあるといわれる日本人の現預金。多くの人に円建て貯金は資産を保全するもっとも安全な手段だと思われています。

しかしプライベートバンクの世界では、それは非常識とされる考えです。前述したクライアントのBSには必ず外貨資産をまぜて、リスクヘッジすることが基本中の基本です。

富裕層のなかにも(日本円での)預貯金信奉者は少なからずいるので、そういった顧客には資産を預貯金に一極集中させるリスクについて説明することがよくあります。預貯金に潜むリスクをここで整理しておきましょう。

◉銀行の倒産リスク

金融機関が倒産した場合、保証される個人の銀行預金は1000万円まで。それ以上の額を預けることは預金者からすればリスクを取っていることになります。しかもその見返りとなる金利は0・01％。1億円を入れても年にたったの1万円では、割に合うとはとてもいえないでしょう。

銀行に預けるにしても、海外の銀行を含めて口座を分散させるような自衛策を取るべきなのです。

◉インフレのリスク

日本でも第2次世界大戦後に国の借金がインフレによって圧縮されたこと、さらに国民の資産を没収した過去があることはすでに書きました。このとき助かったのは現物資産を持っていた人たちです。

日本は世界一の借金を抱えているのに、それを返済する労働人口はどんどん減っていくばかり。今後、第2次世界大戦後のような事態が絶対に起きないとも言い切れません。

相続型の富裕層は、代々こういった話を聞かされてきた（少なくともそうしたグループに所属していた）ために、インフレのリスクについては周知のことがほとんどです。もちろん人によって、どこまで日本の財政破綻を警戒し、予防線を張っているかの温度差はありますが、多かれ少なかれ、インフレに強い不動産や海外資産を保有してリスクヘッジをしている方が多いといえるでしょう。

私が証券営業マン時代に開拓した方も相続型の富裕層だったのですが、「インフレリスクが怖い」としきりに言っており、資産における不動産の割合を増やした結果、市況にも合ったことで新たに数十億円の財を成していました。

一方で、成り上がり型の若手富裕層の場合は、日本でインフレが起きる可能性を軽視している方も少なからずいます。その場合は時間をかけて歴史的な経緯から説明し、インフレリスクに対応できるポートフォリオに組み替えてもらうようにしていました。

◉為替リスク

「銀行の倒産リスク」「インフレのリスク」は、（備える必要はあるものの）まだ顕在化していないリスクですが、「為替リスク」はすでに現実のものとして起きているものです。

２０１２年のＵＳドル／円の年間平均の為替レートは79・79円でした。それがわずか3年後の２０１５年には１２１・04円（こちらも年間平均）になりました。つまり世界的に見れば、日本円で資産を持っていたというだけで、その価値が3年間で35％も下がってしまったのです。

富裕層でも、「為替リスク」への感度は、その職業などによって大きく変わります。たとえば円高のピークだった2012年ごろに私が担当していた上場企業のオーナーは、為替リスクに徹底的にこだわる方で、事あるごとに「日本の財政状況を考えたら将来的には絶対に円安になるから、金融商品は円建て以外のものしか買わない」とおっしゃっていました。情報提供の一環で、私が運用実績の良い国内ものの投資信託の話をしても、「資産価値が下がるだけだからいらない」とまったく興味を示されませんでした。

このオーナーが海外資産にこだわった背景には、大量に保有する自社株がありました。これは全て円での資産であり、オーナーにしてみれば「円資産のポートフォリオは自社株だけで十分」という考えだったのです。だからこそオーナーは、配当収入などでキャッシュが入ればそれをどんどん海外資産に換えることで、為替リスクの対策としていました。

ちなみに当時は、海外の投資信託を買う際に為替が円高に振れるリスクを防止できる「為替ヘッジ型」の商品が投資家の間では人気でしたが、このオーナーには不要なものでした。そして実際にそのオーナーは、2012年後半からの大幅な円安トレンドで30％以上のリターンを取ることに成功し、自社株の資産価値下落をある程度まで帳消しにすることができたのです。

一方で、富裕層でも、海外の金融商品が満期を迎えたときに、当たり前のように円建て資産に戻してしまう、日本人ならではの「クセ」から抜け出せない人もいます。

運用を終えたらそのまま外貨で持っておけばいいのに、「安心するから」という理由で、決して安くはない為替手数料を支払って日本円に戻してしまう。これは決して合理的な行動とはいえません。

東南アジアなどに行くとよくわかるのですが、各国の富裕層はアジア通貨危機を経験しているので、誰も自国通貨など信用しておらず、積極的に米ドルで資産を持とうとしています。彼らほどではないにしても、「資産を外貨で持っておく」という常識を日本人も持つべきだと思います。

なお、為替リスクに備えて外貨資産に分散するといっても、必ずしも外国証券を買う必要はありません。プライベートバンクが外貨預金を勧めることもあります。「大した利回りがつかず、為替変動リスクにさらされるだけの外貨預金をするくらいなら、海外の投資信託などを買ったほうがマシなのでは」という反論も聞きますが、私の意見は異なります。外貨預金は「日本円以外で資産を保有すること」に価値があるのです。仮にドル建ての預金がドル安で目減りしたとしても、多くの場合、その分円建ての預金の価値は上がっているわけですから、実質的には損はしていないことになります。

どこかが下がればどこかが上がる。シーソーのような仕組みをどれだけ用意しておけるかが安定した資産運用の基本であり、分散投資の目的なのです。

原則4 世界経済の大きな流れに逆らわない

プライベートバンクは顧客に寄り添って資産運用のアドバイスをするので、商品などについて顧客がわからないことがあれば、そのつど丁寧に説明をします。なので、どこのヘッジファンドが有望か？　といった細かい話まで富裕層が学ぶ必要は、基本的にはありません。

ただ、投資において最低限押さえてほしい知識として、世界経済（マクロ経済）のトレンドの話はよくします。なぜなら、どんなに良い銘柄を発掘したり、債券を持ったりしても、マクロトレンドだけには逆らえないからです。実際、リーマンショックの際は株式や社債はほぼ全て暴落を起こしました。ショートポジション（空売り）を積極的に取れた人は別ですが、もしこのときに金融投資を積極的にしようとしたならば、それはまるで流れるプールを逆流するような状況でした。

「マクロトレンドを味方につけなければ資産運用は始まらない」というベースを、まず理解してもらう必要があるのです。

また、顧客のポートフォリオを考える専門家たちは、マクロ経済のことまで踏まえたうえで提案をするので、言語を統一させておくという意味でも、顧客の金融リテラシーの向上はプライベートバンカーの重要な仕事になります。

【コラム】絶対に知っておきたい「お金の量」と「金利」の話

私がまだ現役のプライベートバンカーだったと仮定したら、2017年の今なら、顧客にぜひ知っておいてほしい知識として、「お金の量」と「金利」の話をすると思います。

普段の生活で意識することはないものの、世界を流通するお金の量は常に増えたり減ったりしています。その調整をおこなっているのは各国の中央銀行で、日本は日銀、米国はFRB、ユーロ圏はECBがその役割を担っています。

リーマンショックが起きたあとFRBはお金を大量に刷って、そのお金でMBS（住宅ローン担保証券）と米国債を金融機関や機関投資家から大量に購入。そしてドルを市場にばらまき、株価を上げて経済を上向きにしました。こうした景気刺激策を「量的緩和」といいます。

そして現在、米国は当初の目的をほぼ果たせたため、大量に保有しているMBSと米国債を売却することでお金を引き上げようとしています。お金を刷りすぎると貨幣価値が下がってインフレが起きる恐れがあるのも１つの理由です。

ではＦＲＢが保有資産の売却を始めると何が起きるかというと、米国の金融機関や機関投資家はそれを買い戻すためのキャッシュが必要になります。そのキャッシュを作るためには彼らが保有している資産を売らないといけません。すると必然的に世界のマーケットには売り圧力がかかり、多くのケースで価格が下がります。

また、景気を必要以上に刺激しすぎると今度はインフレのリスクが高まります。そのため、ＦＲＢは保有資産の売却とあわせて政策金利の引き上げをおこなおうとします。そうすると市場金利が上昇し、お金を借りる条件が悪くなりますので、同じく売却が起こったり、借りにくくなるので、金融市場にとってはマイナス圧力となります。

さて、量的緩和の継続の安心感があった数年前くらいまでは、米国では好景気を示す景気指標（雇用指数など）が出たらマーケットが上がっていました。でもこの数年は、良い景気指標が出ると逆にマーケットが下がるという事態が起きています。「ＦＲＢによる資産圧縮の加速や金利引き上げがおこなわれるのでは？」という臆測から、利益を確定させておこうと株や債券などを売却する投資家が増えているからです。

また、量的緩和と並んで景気刺激策としてよく使われる政策金利。こちらは米国もＥＵも日本も、下げられるところまで下げた状態でした（日本はゼロ金利どころかマイナス金利)。均衡していればさざ波は立ちませんが、量的緩和を終え、インフレを防ぎたい米国が、ついに金利の引き上げを始めました。

米国の金利が上がると何が起きるか。それまで低金利のドルで資金を調達して世界に投資されていたマネーが、金利上昇による負担増を敬遠して米国に還流する(つまりドルが買われる)現象が起きるので、ドル高が起こります。

すなわち、量的緩和の終了や金利引き上げを警戒するフェーズにおいては、米国で好材料が出ると株価などは下がり、ドル高になる可能性が高いということです(2017年6月14日の追加利上げの発表後には、若干の株高になりましたが、これは発表が予想されていた後での、材料出尽くしのケースでした)。

以上が量的緩和と低金利政策、つまりお金のバラマキと金利の両方の効果です。

原則5 マーケットに依存しない分散型ポートフォリオを組む

「株が上がれば債券が下がる。債券が上がれば株が下がる」――これが金融危機(リーマンショック)の数年前までの資産運用の常識でした。リスクを分散するには資産を株と債券で半々にする。さらに為替リスクをヘッジするためにそれぞれを国内外に分けて買うという、シンプルなポートフォリオで十分だったのです。

しかし、2008年の金融危機では株と社債がともに暴落する動きを見せ、その考え方は通用しなくなりました。

株と債券を主体にポートフォリオを組んだとしても、どうしてもマーケットの動向に依存してしまうのです。マーケットが上昇トレンドにあればそれでも問題はないでしょう。でも、マーケットが総崩れになったときに資産もなし崩し的に損失してしまうようでは健全な資産運用とはいえません。

プライベートバンクが推奨する今の資産運用の主流は、金融市場の動きとは別の動きをする**「オルタナティブ投資」**を積極的にポートフォリオに織り込むことでリスクをさらに分散させる手法です。

オルタナティブ投資とは、上場株式や債券といった伝統的資産と呼ばれるもの以外の、新しい投資対象や投資手法のことをいいます。オルタナティブ（alternative）とは「代わりの」とか「慣習にとらわれない」という意味です。具体的な投資対象としては、農産物・鉱物、不動産などの商品、未公開株やデリバティブ（金融派生商品）、それを扱うヘッジファンドなどが挙げられます。

オルタナティブ投資を活用した成功例としてプライベートバンカーが顧客に引き合いに出

図4-4 ハーバード大学のポートフォリオ（2016年）

国内株式	10.5%
海外株式	7%
新興国株式	11.5%
	株式合計　29%
国内債券	9%
海外債券	1%
インフレ連動債	2%
ハイイールド債	0.5%
	債券合計　12.5%
PE	20%
絶対収益型	14%
	オルタナティブ投資（金融資産）　34%
不動産	14.5%
商品	10%
	オルタナティブ投資（実物資産）　24.5%

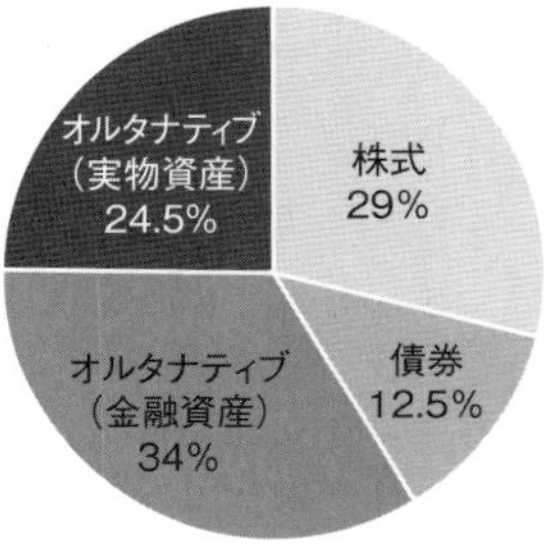

出所：Harvard Management Company「September 2016 Annual Endowment Report」より著者作成

すことが多いのが、ハーバード大学です。

同校には卒業生たちから膨大な寄付金が集まります。その額、年間１０００億円以上。それを自前の資産運用会社（Harvard Management Company）で運用しているのですが、２０１６年６月時点の残高は３５７億ドル、約４兆円もあります。そして過去20年の平均利率は10・４%。実はハーバード大学は超優秀な機関投資家でもあるのです。

同校の２０１６年のポートフォリオは図４-４の通りです。株と債券の割合は半分以下に抑え、残りをオルタナティブ投資で運用しているのが特徴です。またオルタナティブ投資も、「金融資産」での投資と「実物資産」での投資で分散しています。

ちなみに図4-4中の「絶対収益型」とはロング・ショート戦略などを取るヘッジファンドが中心、「商品」とは原油や金、穀物など天然資源への投資、いわゆるコモディティ投資のことです。

このポートフォリオから学ぶべき最も重要なポイントは、「今の時代にあっては株、債券以外の商品にも投資しないと安定運用は望めない」という一点に尽きます。たとえば、戦争が起きそうになると経済の先行き不安から株価は冷え込みますが、天然資源などは上昇します。9・11が起きたときのマーケットも「株安、資源高」で動いています。

ユダヤ教の聖典「タルムード」には「富は常に3分法で保有すべし。すなわち3分の1を土地に、3分の1を商品に、残る3分の1を現金で」と記されています。ロスチャイルドやロックフェラーのような巨大なユダヤ資本の繁栄も、どんな時代にあっても金融と資源に分散して保有してきたからこそ、といっても過言ではありません。

現代においてはハーバード大学のような4分法になるかもしれませんし、今後、さらに金融商品が複雑化していけば、5分法、6分法と増えていくのかもしれません。とにかく重要なことは、資産を一点集中させないことと、マーケットの動きに依存しすぎないことです。

図4-5 分散投資の重要性がわかる資産別リターン表

	2008年	2009年	2010年	2011年	2012年	2013年	2014年	2015年
1位	国内債券 +3.4%	新興国株式 +81.1%	世界リート +9.2%	新興国債券 +2.4%	世界リート +37.8%	先進国株式 +55.0%	世界リート +40.5%	国内株式 +12.1%
2位	先進国債券 ▲17.0%	先進国株式 +35.6%	新興国株式 +5.5%	国内債券 +1.9%	新興国株式 +32.1%	国内株式 +54.4%	新興国債券 +22.9%	新興国債券 +1.2%
3位	新興国債券 ▲29.8%	世界リート +35.3%	国内債券 +2.4%	先進国債券 +0.8%	新興国債券 +30.8%	分散投資 +26.8%	先進国株式 +21.7%	国内債券 +1.1%
4位	分散投資 ▲39.2%	新興国債券 +31.3%	国内株式 +1.0%	世界リート ▲3.0%	先進国株式 +30.7%	世界リート +25.1%	先進国債券 +16.8%	世界リート +0.6%
5位	国内株式 ▲40.6%	分散投資 +26.6%	分散投資 +0.2%	コモディティ ▲5.7%	分散投資 +23.1%	先進国債券 +22.9%	分散投資 +13.1%	先進国株式 ▲1.2%
6位	先進国株式 ▲53.4%	コモディティ +14.8%	新興国債券 ▲0.7%	分散投資 ▲6.4%	国内株式 +20.9%	コモディティ +20.2%	新興国株式 +12.3%	分散投資 ▲4.8%
7位	世界リート ▲56.2%	国内株式 +7.6%	先進国株式 ▲0.9%	先進国株式 ▲8.4%	先進国債券 +19.3%	新興国株式 +19.0%	国内株式 +10.3%	先進国債券 ▲4.8%
8位	コモディティ ▲57.3%	先進国債券 +5.8%	コモディティ ▲3.5%	国内株式 ▲17.0%	コモディティ +11.5%	新興国債券 +15.3%	国内債券 +4.2%	新興国株式 ▲14.6%
9位	先進国株式 ▲62.7%	国内債券 +1.4%	先進国債券 ▲11.3%	新興国株式 ▲21.9%	国内債券 +1.9%	国内債券 +2.0%	コモディティ ▲23.4%	コモディティ ▲32.8%

出所：水戸証券HP「投資を学ぶ」より

参考までに、分散投資の重要性が一目でわかるデータも紹介しましょう。

図4-5は2008年～2015年の資産別のリターン表です。掲載されているのは株式、債券、REIT、コモディティ、そして分散投資です。同じアセットクラスであっても、年によってリターンがいかにバラバラかがよくわかると思います。その中で分散投資は、その年の平均値に落ち着くイメージであり、「大勝ちもしないが大負けもしない」状況をキープしていることがご理解いただけるでしょう。

単年度で見れば、分散投資は大きな魅力ではないかもしれません。でも、中長期の資産形成を考えたら、分散投資は優れた戦略なのです。

なお米国では、ハーバード大学だけでなく、イェール大学も資産運用の面で高い評価を受けています。こちらは1985年から2005年の20年間で、平均年率16・1％という驚異的な運用成績を達成しています。

同大の最高財務責任者（CFO）、デイビッド・スウェンセン氏は、その著書『イェール大学CFOに学ぶ投資哲学』（日経BP社）の中で「リターンの変動の約9割が、資産配分に起因する」と述べており、「投資家は資産配分目標を合理的に設定するのが先決なのに、役に立たない銘柄選択や（投資）タイミング（の時期をはかるの）に夢中になっている」と指摘しています。

原則6　ルールを知り、ギリギリまで攻める

サッカーの試合でオフサイドになることを気にして、オフサイドラインのはるか後方にしかポジションを取らないFWがいたら、どう思うでしょうか？「本当に点を取る気があるの

か?」と思うはずです。

プライベートバンカーから見れば、多くの資産運用の初心者はこのFWと大差がありません。

ルールの範囲内で経済合理性を追求することは、まったくもって当然なことです。決してずる賢いことではありません。住民税、相続税、贈与税。ただでさえ富裕層に対して罰金のような税金がかけられる日本においてはむしろ賢い生き方だと思います。

ただし、そのオフサイドラインの位置はサッカーほどわかりやすくありません。税法や商法によって決まるものなので、個人でそのラインを想像してギリギリまで攻めると、最悪、オフサイドで捕まります。プライベートバンクが教えるのは、そのオフサイドラインです。

税理士や弁護士といったプロたちと組み、確実にセーフであると確証を得たうえで、「ここまでなら大丈夫です」と顧客の背中を押す。すでに解説した資産管理会社を用いた自社株配当にかかる税金の圧縮や、病院オーナーによるMS法人の活用の例などがまさにそうです。

私の前職の、あるトップクラスのプライベートバンカーは、普段、自分のデスクにいるときはひたすら法律書を読んでいました。性格的には一風変わっているようにも思えましたが、顧客からの信頼は絶大の一言。常に最新の情報を仕入れ、理論武装しているので、税理士や弁護士と作戦を練るときも「全てお任せ」にすることはありませんでした。

さらに、これが超富裕層による複数の国への資産移転といったプロジェクトになったら、各国の法律に精通した専門家も必要になります。1つでも間違いを犯せば顧客の立場が危うくなりますから、特別チームが編成され、念には念を入れて確認作業を繰り返していきます。

完璧さを求めるその執念が顧客に伝わる機会は滅多にありません。しかし、こうした見えない努力を積み重ねているからこそ、プライベートバンカーは自信を持って「オフサイドラインはここです」と助言ができるわけであり、それが顧客を安心させていたことは間違いないと思います。

私が初めてプライベートバンカーのそうした姿を目の当たりにしたときは、「最上級の金融サービスとはこういうことか」と感服したものです。

原則7 金融商品の目利き力をつける

プライベートバンクとの付き合いを始めたことをきっかけに、資産運用に興味を持つようになる顧客もいます。私も、「ネット証券でこんな商品を見つけたんだけど、どう思う?」と質問されることもよくありました。

そのときに答えていた内容を改めてまとめてみましょう。金融商品を選ぶときに初心者が注意すべき点は2つあります。

◉手数料は「マイナス利回り」だと心得る

証券会社などが高齢者などに盛んに売っている投資信託の多くは、買付手数料が3％、毎年かかる信託報酬が2％を超える商品も多々あります。証券会社もボランティアではないので手数料がかかるのは当然ですが、世界的に見ても圧倒的に高い料金設定です。

運用益で2％の利回りを出せても、年間の手数料で2％取られていてはプラスマイナスゼロ。資産運用になっていません。つまり、商品を選ぶときは期待リターンを重視するだけではなく、それ以上の厳しい目で手数料を見るべきなのです。

また、販売手数料がかかるのかどうかも気にしましょう。最近は販売手数料がかからない商品（ノーロードといいます）も増えているので、わざわざ手数料を払わないといけない商品に固執する必要はないと思います。

以上をふまえ、自分で金融商品を選ぶときの手数料は**「売買手数料1％未満、信託報酬1・5％未満」**を1つの目安にしてみるとよいでしょう。

◉過去の利回りに惑わされない

ネット証券などでさまざまな商品を眺めていると、たまに過去の利回りが20％、30％といったとんでもない商品も見かけます。

確かに実績リターンが大きいのは魅力的です。でも、そうした商品はたいていハイリスク・ハイリターン型のファンドであり、それ相応のリスクを覚悟したうえで買う必要があります。

投資の世界で何をもってハイリスクとするのか判断する基準は、その商品の過去の値動きの幅（ボラティリティといいます）が、日経平均などの値動きの幅と比べて大きいかどうかです。

わざわざ1つずつ調べるのが面倒なのであれば、単純に「商品の期待リターン＝それ以上のボラティリティがある」と考えてもいいでしょう。

期待リターンが30％なのであれば、それ以上の利率で負ける可能性があるということ。それが許容できるなら買えばいいと思います。

原則❽ 一発KOだけは絶対に避ける

資産運用に躊躇してしまう人がいるとすれば、それは投資をギャンブルだと思っているからかもしれません。利回り30％のハイリスク商品に手を出せば確かにそれはギャンブルでしょうが、**プライベートバンクが教える正しい資産運用とは、「いかにギャンブルをしなくていいか」**です。

また、富裕層に対して「リスクを取った人たち」と評価する人も多いと思いますが、それも正確ではありません。正しくは「リスクを計算したうえで、チャンスととらえたリスクを取った人たち」のことです。

私の知人にヘッジファンドのマネージャーがいます。東京証券取引所の1日の出来高の1％くらいを彼1人で動かすことも時にあるそうです。一般の人からすれば、想像を絶するストレス下に置かれていると思うことでしょう。扱う額も巨額ですし、成績が振るわなかったら即解雇される立場にいるのですから。

でも、彼は相場が気になって寝付けないことは滅多にないと言います。なぜなら、「リスクをヘッジすること」がファンドマネージャーの仕事だからです。仮に負けたとしても、傷を最小限にとどめられるように手を打っておけば、資産運用はギャンブルではなく「数学」になり、ある程度コントロールできるようになるのです。

資産運用で最も怖いのは一発KOを食らってリングに立てなくなることです。なので、ハイリスクな商品を買うときは、「最悪なくなってもいい」と思える額にとどめることが基本です。

たとえば、最近の新しい投資先として話題のビットコイン。いったんビットコインに換金すれば、（銀行間取引ではないので）海外送金手数料がかかりませんし、国によるチェックも受けないので、海外送金目的で買う人もいます。

ビットコインは流通量があらかじめ決まっているので、使いたい人が増えれば増えるほどその価値が上昇していきます。飲食店などでビットコイン決裁ができるお店も増えていますが、もったいないので誰も使っていないのが実情です。

ただ、今後いつどのような形で規制が入るかわかりませんし、どう広まっていくかもわかりません。今のビットコインの価格が投機目的でつり上がっていることを考えると、「何か」が起きた瞬間に暴落する可能性もあります。

こうしたリスクコントロールをしにくい商品をプライベートバンクが勧めることはあまりありません。仮に顧客から投資を相談されたとしても、投資額は資産の1％以内に抑えるようにアドバイスするのが自然でしょう。

　こうしたスタンスは税金対策においても同様です。

　かつて、自称「コンサルタント」の指南のもと、脱税的なスキームで海外への資産移転を検討していた富裕層とお話をする機会がありました。そのとき私は、富裕層を次のような言葉で説得した記憶があります。

「合法的な範囲で節税対策をしていてもイエローカードをもらうことがあります。でもイエローカードで済むことがほとんどです。しかし、脱税をしたらどのようなことがあってもレッドカード、一発退場となります」と。

　富裕層ともなると、方々から甘い誘惑があります。だからこそ、一発退場だけは絶対に避けるようにコミュニケーションを取るのもプライベートバンクの重要な役目なのです。

原則⑨ 資産運用は中長期で考える

　プライベートバンカーが投資経験のある富裕層を訪れると、「資産運用については自分でできる」と言われてしまうことがよくあります。ただ話を聞くと、たまたま買った株が大化けした経験が一度あるだけという人も少なくありません。

そもそも「運用がうまい」とは何をもっていえるのでしょうか?

それは短期的な尺度で測ることができるのでしょうか?

お金の世界ですから、「儲かったか損をしたか」で評価が左右されてしまうのは仕方ありません。買った株が値上がりした富裕層が、周囲から「個人投資家」として称賛されるのもよく聞く話です。しかし、その「個人投資家」が今後も勝ち続けることができるかといったら、まったく別の話になります。

プライベートバンカーが顧客によく言うのは、「資産運用では短期的な成果で一喜一憂しないでほしい」ということです。

短期的に儲かればうれしいですが、そこで浮かれすぎて慎重さが損なわれてはいつか大怪我をしますし、逆に落胆しすぎてリスクを取ることに怯えてしまっては、資産が一向に増えません。

元来、投資の世界では「全勝」はあり得ません。

もちろん、全勝を狙いにいく姿勢は大事です。でも、いくら情報をかき集めて脳をフル回転させても、思惑通りにいくほど世の中は甘くありません。何億円もの年俸をもらっているファンドマネージャーであっても勝率は高くて6割くらい。残りの4割は本気で勝ちを狙って外しているわけです。

そう考えると、「運用がうまい」というのは、多少の上下動を繰り返しながらも、中長期的に確実に資産を増やしていける投資家（戦略家）のことだと思います。

そしてそれを実現するためには、「世界経済の流れを把握し」「オルタナティブ投資を交えてリスクを分散し」「一発KOされない」といったこの章で述べた原則が必要になるのです。

原則⑩ 次世代を見据えた資産運用をしていく

ここまで何度もお話ししてきたように、富裕層にとって相続や事業承継は最大の関心事であり、プライベートバンクもそれを最大限に支援します。

ただ、富裕層以外の人にとっても、相続や事業承継を見据えることは資産形成に確実に良い影響を与えます。

まず、必然的に長い目で見るようになるので、原則⑨で述べた中長期の資産運用ができるようになります。また富裕層と同様に、子供への「教育」の意識を高めることにつながるのです（第6章コラムを参照）。

もちろん、富裕層以外でも相続税がかかる可能性は十分にあります。第1章でお話ししたように、相続税の対象は今後も広がる一方ですので、「自分の家族には関係ない」と思う人も、一度は考えてみるべきです。

相続や事業承継は、着手するのが早ければ早いほど打てる手が増えます。たとえば、生前贈与も計画的に20年、30年と続けていれば、かなりの額を非課税枠内で移譲できます。これは超富裕層ともなると大きなインパクトがない方法ですが、金融資産2億～3億円くらいまでの富裕層や準富裕層クラスであれば、決して無視できない節税効果を生み出すのです。

もしくは、起業家や事業家であれば、教育効果も考え、子供が小さいうちから海外に移住して、現地で起業するというのも手でしょう。何も自分がリタイアを検討するタイミングまで、対策を持ち越す必要はないのです。

第5章

プライベートバンクが教える富裕層向けの資産運用法

この章では、プライベートバンクが富裕層の資産運用のお手伝いをするときに、どのような資産運用法を提案しているのか紹介していきます。

プライベートバンクでも、証券会社の営業マンと同じように、一般の人でも買える株式や投資信託、債券などの伝統的資産を顧客に勧めることはあります（その比重は会社、プライベートバンカー、富裕層のランクなどによってケースバイケースです）。

本章ではそういった一般的な商品については踏み込まずに、数千万〜億単位の投資ができる富裕層ならではの金融商品、いわゆる「オルタナティブ投資」の商品を中心に取り上げたいと思います。

「なんだ、富裕層しか買えない商品なのか……」とは思わないでください。ここで紹介する商品が果たす投資的な機能のうち、かなりの部分は別の方法でも代替することができます。その方法は次の第6章で解説しますので、その前提となる知識として本章もご一読ください。

ただのラップ口座とはまったく違う、エグゼクティブ専用ラップ口座「SMA」

TVコマーシャルや駅ナカ広告などで「ラップ口座」という言葉を聞いたことがあると思

います。「ラップ＝包む」という名のとおり、基本的には投資信託をひとまとめにした商品です。

より正確に説明すれば、一般向けに広告されている「ラップ口座」の大半は、正確には「ファンドラップ」という名称の金融商品です。ひとまとめにする商品をファンド＝投資信託のみに限定しているために、一般向けに広く売り出すことができているのです。

しかし、世の中には富裕層にしか利用できない特別なラップ口座もあります（というより、こちらが本来の意味でのラップ口座なのですが）。

その名はＳＭＡ。Separately Managed Accountの略で、直訳すれば「個々に管理された口座」のこと。「エグゼクティブラップ」とも呼びます。

通常のラップ口座との最大の違いは、ＳＭＡでは運用する商品（ラップする商品）を運用会社がフルカスタムメイドで選んでくれること。当然、投資信託以外の商品もポートフォリオに組み込むことができます。

ＳＭＡも一般のラップ口座（ファンドラップ）も、「投資一任（ディスクレショナリーアカウント）」という契約形態をとります。商品選定や売買のタイミングといった投資判断を金融機関に全面的に任せ、いざ投資が始まったら顧客は基本的に口を挟まず、毎月届く報告書でその内容と成績を確認するだけです。

日本のプライベートバンクは、基本的にこのような運用商品を通じて投資一任サービスを提供しています。プライベートバンクで、ファンドラップやSMAのような投資一任運用商品としてではなく、顧客と結ぶ契約形態として投資一任を用意しているのは、UBS、クレディ・スイスやロンバー・オディエの日本支社くらい。なので基本的には、日本のプライベートバンクにお金を預けて、「あとはよろしくね」とは言えないのです。その例外がSMAということになります。

SMAは当然、（投資信託以外の）株式を扱いますし、数年前までは国債で運用するコースも扱っていました。特に国債100％でポートフォリオを組むコースは本当に優れた商品で、私も顧客によく推奨していたのですが、低金利になり国債のみで利益を出すのが難しくなったために、今は一時的に新規契約が停止されています。

さて、「エグゼクティブラップ」というくらいですからSMAは大口顧客しか買えません。私がプライベートバンカー時代によく売れていた「野村SMA」の最低購入額は3億円。富裕層やその資産管理会社のほか、企業や学校法人、財団法人が積極的に契約していました。現在も、小口化が進んだとはいえ5000万円からです。同様に、大和証券が提供するダイワSMAは1億円から、三菱UFJ信託銀行が提供するプライベートアカウント（資産運用口座）という投資一任も5000万円からです。

SMAを契約すると、販売元から専任の担当者がやってきて投資目的のヒアリングをしてくれます。そして目標が明確になったら、あとは顧客の代わりに最適な商品を市場の中から選んで資産を運用してくれるのです。

運用手数料については、ＳＭＡは運用資産残高に応じた管理手数料を取ります。この点も、手数料にプラスして中身の投資信託の信託報酬までも取る一般のラップ口座（ファンドラップ）とは異なるところです。なお、一般のラップ口座はその結果として合計の手数料が３％を超えることもあるため、手数料的にいえば、あまり推奨されるべき商品ではありません。

ただし、ＳＭＡも選択する運用戦略によっては、手数料が一般のラップ口座のように割高になることが少なくありません。しかし、債券１００％のポートフォリオが財団や学校法人のような比較的安定運用を好む顧客にウケたように、商品をうまく選べば、パフォーマンスを上げることができるのです。

ここまでの説明のとおり、ＳＭＡは限りなく「プライベートバンク的」です。しかも、仲介手数料ではなく管理手数料を取ること、投資一任ができることは、ヨーロッパの老舗プライベートバンクのようなサービス形態です。

日本のプライベートバンクが「プライベートバンク的な商品」を売るというのも変に思われるかもしれません。「であるなら、顧客はプライベートバンクを使わないで証券会社で直接ＳＭＡを買えばいいじゃないか？」と。

その答えとして1ついえるのは、ＳＭＡの投資戦略はあくまでも金融商品のみの話だということ。不動産投資などの実物資産は含みません。また、証券会社は資産運用の方針を決めるためのヒアリングはおこなうものの、プライベートバンクのように顧客の資産全体を俯瞰して捉え、税制面などのアドバイスなどをしてくれるわけではないのです。

シンガポールのプライベートバンクにおいては、投資一任契約がなされるケースは多くあります。先ほどの債券１００％で運用されるようなコースもあり、市場の好調も受けて、年3〜4％の運用益を安定して出しています。

オルタナティブ投資の王道「ヘッジファンド」

２００8年に起きたリーマンショックでは、1年間で世界の株式市場は大暴落しました（米国36％下落、日本42％下落、中国・上海65％下落）。また株価だけではなく社債もＲＥＩＴも不動産も全て暴落。当時、私は野村證券で営業をしていたので、業界全体が文字通りパニックに陥ったことをよく覚えています。

そんな大混乱の最中でしたが、ヘッジファンドには株式の下落と比べて下落幅が半分以下にとどまったものが多く、なかにはプラスリターンを出したものも存在しました。

ヘッジファンドとは、投資家から集めた資金を原資に、ファンドマネージャーと呼ばれる投資のプロ中のプロが独自の戦略で投資をおこなう運用会社、およびその商品のこと。株式や債券はもちろん、先物や信用取引、金利やデリバティブにいたるまでを組み合わせることで、マーケットの動向とは別の動きをするように設計されていることが最大の特徴です。

ＳＭＡと並んで、現在のプライベートバンクが顧客に提案するメイン商品の1つであり、株式や債券といった伝統的な金融投資にかわるオルタナティブ投資の王道でもあります。

たとえばＵＢＳは、グループ内に「ＵＢＳオコナー」というヘッジファンドを持っています。ＵＢＳのプライベートバンクに口座を持つ富裕層であれば、一度は名前を聞いたことがある同社の看板商品です。「オコナーに投資したいからＵＢＳに口座を開設した」という富裕層にも複数会ったことがあるくらいです。

ヘッジファンドは大口の顧客しか投資できません。そのなかには公に投資者を募集しない「私募ファンド」もたくさんあります。50人以上を集めるファンドは「公募」、50人未満は「私募」といって区別されるのですが、「私募」の場合は金融庁もあまりうるさく言わないので、ユニークな投資戦略を取るファンドが多いのが特徴です。商品にもよりますが、投資の最低ラインは1億円というものが多いでしょう。

ヘッジファンドの取る戦略にはさまざまな種類がありますが、ここでは代表的なものを2つ紹介しましょう。

◉ロング・ショート戦略

ヘッジファンドの分類の中でもっとも代表的なものが「ロング・ショート戦略」です。世界のヘッジファンドの運用資産の36%がこの戦略で運用されているという調査結果もあります。

ロング・ショート戦略とは、単純な例でいえばファンドの運用資産が100億円あったら、50億円分は値上がりしそうなものを買う（ロングする）ことに使い、残りの50億円は値下がりしそうなものを空売り（ショートする）するというもの。ロングとショートの比率は、もちろん状況によって変化していきます。売買の対象は株、債券、先物など、さまざまな資産クラスを組み合わせるケースが一般的です。

こうやってロングとショートを併用することで、マーケットが上昇しようと下落しようと利益が出せるようにしているのです。仮に利益が出ないときでも、マーケットが30%下落しているときに15%しか下がらないとしたら、それは立派なリスクヘッジです。

常に両面に賭けているため、極端に大きな利益は期待できないこともあります。たとえば、もし日経平均が一方的に上がっているときは、日経平均に連動するごく普通のインデックスファンドのほうが利回りは良くなる可能性が高いです。しかし一方的に上がり続ける市場などはないわけで、ロング・ショート戦略で運用したほうが、市場の上げ下げに左右されない安定した成績を上げる可能性が高くなるのです。

また、そもそもですが、Brexit（イギリスのEU離脱）やトランプショックのように世界経済にインパクトをもたらす出来事が起きたときに、ロングとショートの両方の選択肢をファンドマネージャーが持っているということは、大きなアドバンテージになります。

◉マネージドフューチャーズ戦略

リーマンショック以降、プライベートバンカーが顧客によく薦めていたヘッジファンド戦略が「マネージドフューチャーズ戦略」と呼ばれるもの。日本人富裕層にも大変人気がありました。「フューチャーズ（futures）」とは先物の意味です。

この戦略はトレンドフォロー型とも呼ばれるものです。「上がったので下がるだろう」「下がったので上がるだろう」という「逆張り」で投資する手法もありますが、マネージドフューチャーズ戦略では「上がったのでもっと上がるだろう」「下がったのでもっと下がるだろう」という「順張り」で先物取引をおこなうのです。人間の心理などの影響により、マーケットにしばしば明確なトレンドが生じることを利用した方法といえます。

リスクヘッジのために多数の上場先物を組み合わせており（たとえば三菱ＵＦＪモルガン・スタンレー証券のサイトでは１００種類以上と説明しています）、しかも、そのトレンドの把握と発注の判断はプログラムが自動的におこなうのが特徴的です。

上がるときはぐんぐん上がり、下がるときはぐんぐん下がる、いわゆる「トレンドが出やすい市況」の場合に好成績が期待できるヘッジファンドで、こちらもロング・ショート戦略と同じく組み合わせることで、マーケットが上がろうと下がろうと、両方の局面で利益を狙いにいけます。

このようにヘッジファンドには、多様かつ優れたアプローチがあるため、私としても、資産運用はヘッジファンドだけでいいのではと思った時期があるくらいです。しかし、「ヘッジファンドだったらなんでも良い」とは言い切れません。

ヘッジファンドはファンドマネージャーの腕前や運用システムの差が如実に出るため、ヘッジファンドごとの〝ムラ〟が激しくなります。そこでヘッジファンドの〝ムラ〟を標準化するために、ヘッジファンドのファンドオブファンズ（ヘッジファンドを束ねたファンド）の商品を買うなどの選択肢も出てくるのですが、そこまで行くと手数料がかなりの負担になるため、大きなリターンを出さないと運用成績をプラスにすることが難しくなります。

よって、ヘッジファンドを選ぶときは何よりも目利きが大事になるのです。

その点、日頃からさまざまなヘッジファンドを見ているプロが自分の代わりに判断を下してくれるわけですから、プライベートバンクの顧客はかなり有利なポジションにいるということです。

また、ヘッジファンドはパフォーマンスをリアルタイムで提供しないケースが多く、顧客がリターンを把握できるのが1～3ヶ月後といったケースもよくあります。3ヶ月も空白があれば、損切りのタイミングを逸する危険も出てきます。このとき、ヘッジファンド側と密なコミュニケーションを取れるプライベートバンクの担当者がいれば、ヘッジファンド側の現況を逐次アップデートしてもらうことも可能です。

富裕層限定の「仕組債」商品とは

通常の社債や国債は、満期や利子（クーポン）が固定されています。しかし、そこに「スワップ」や「オプション」といった「仕組み（デリバティブ）」を織り込むことによって、市況のさまざまな変化に対応でき、なおかつ高利回りが期待できる債券も存在します。

それが「仕組債」です。リーマンショック前に世界の大口の投資家たちがこぞって買っていた商品です。

仕組債は通常の債券と比べると格段に高いリターンを期待できる反面、元本を著しく割り込むリスクもあります。また、流動性が通常の債券より低いため売却も困難です。

商品によってさまざまなポジションにベットできる点と、ハイリスクですがハイリターンも狙えることが人気を呼び、徐々に個人投資家にも買われるようになりました。今ではプライベートバンクの提供する人気商品の1つです。

世の中で仕組債が批判される傾向が強いのは、リーマンショックの際に広範な損失を生み出した、個別株を組み合わせて日経平均が30％下落したら一気に価値が急落したり、10銘柄をセットにして1銘柄でも40％下落すれば同じく価値が急落したりするノックインタイプのような商品が、多数かつ大量に拡販されていたイメージが強く残っているからです。

客向け金融商品

資産クラス	期待リターン（年率）	リスク（ボラティリティ）	流動性（解約難度）	投資通貨
世界の株式	**13.52%**	**9.36%**	日次※1	米ドル
オルタナティブ	**14.40%**	**11.27%**	日次※1	米ドル
世界の株式／国債	**13.80%**	**11.90%**	日次※2	米ドル
	8.50%	**7.60%**	日次※2	米ドル
商品	**18.34%**	**10.05%**	日次※2	米ドル他
債券	**35.79%**（2010年3月31日設定来）	－	日次	米ドル
MLP	**18.90%**（2013年12月16日設定来）	－	日次	日本円
保険	**35.17%**（2009年7月1日設定来）	－	半年ごと	日本円、米ドル、ユーロ他
	34.99%（2007年8月1日設定来）	－	月次	日本円、米ドル、ユーロ他
ヘッジファンド	**6.68%**	**6.29%**	月次	米ドル、ユーロ
	4.06%	**4.70%**	月次	米ドル
	7.51%	**2.36%**	四半期※3	米ドル、ユーロ

出所：「週刊ダイヤモンド」（2014年9月27日号）

図5-1 「週刊ダイヤモンド」で紹介されたクレディ・スイスの日本顧

商品名	特　徴
1口500万ドル～ CS SPEAR Dynamic Global Index連動債	主力商品。米国株の予想変動率と、米国、欧州、新興国のCDS(信用リスク)を金融市場のリスクシグナルとして活用する。リスクが高まり始めたと判断したら米国、欧州、新興国株のポジションを売り持ちにし、低下し始めたら買い持ちにして、安定的な収益を狙う。
1口500万ドル～ CS ECHO Index連動債	主力商品。「グローバル鉱工業生産指数」と「米国消費者信頼感指数」という二つの先行指標に基づいて、世界の株式、不動産、コモディティなどへの資産配分を決定し、世界経済の上昇、下降の両局面で安定的なリターンを狙う。
1口50万ドル～ CS リスク・アペタイト・インベスタブル指数(トータル・リターン)連動債	市場心理を計測する「CSグローバル・リスク・アペタイト指数」「トレンドフォロー・モデル」、さらに世界の株式の銘柄選定を行う「HOLT」というクレディ・スイス独自のモデルを組み合わせ、先進国株と世界の国債との間で、機動的に資産配分するレバレッジなしのロングオンリー(買い持ちのみ)のインデックス連動債。
1口50万ドル～ CS リスク・アペタイト・インベスタブル指数(レラティブ・バリュー)連動債	上のトータル・リターン型と同様、「CSグローバル・リスク・アペタイト指数」「トレンドフォロー・モデル」「HOLT」などを基にして、先進国株と世界の国債との間で、機動的に資産配分する一方で、世界株式指数と現金を常に50%ずつショート(空売り)するロング／ショート戦略。
CS バックワーデーション・レラティブ・バリュー指数連動債	絶対リターンの獲得を目指す「ロング／ショート・コモディティ・インデックス」に連動する。需給が逼迫しているコモディティをロング(買い持ち)し、コモディティ・インデックスをショート(売り持ち)する。主要な株価指数や債券指数との相関が低い。
シュローダー グローバル・ハイイールド(毎月分配)	世界中のハイイールド社債から投資先を選別し、利子収入と値上がり益の獲得によるリターンの最大化を目指す。主として、投資適格に満たない米国の社債、もしくは優先株などに投資する。
米国エネルギー・ハイインカム・ファンド(通称：エネハイ)	成長が期待されるエネルギー関連インフラに投資する「MLP」に実質的に投資する。MLPとは、共同投資事業の一つで、MLPの多くは、主に天然資源の採掘、パイプラインなどのエネルギー関連事業に投資している。
IRIS 生命保険戦略ファンド	生命保険リスクに関連する証券、派生商品、その他の投資商品で広範に分散されたポートフォリオに長期投資することで、トータルリターンの提供を目指す。生命保険リスクには、超過死亡リスクと超長寿リスクが含まれ、この2種類のリスクをバランスよく配分する。
IRIS 保険リンク戦略ファンド	自然災害や航空機事故などの損害保険に関連するリスクを引き受ける投資手法。大きな災害や事故が起きなければ、高いリターンが期待できる一方、逆の場合はマイナスリターンに陥るリスクがある。
1口25万ドル～ HSBC GH ファンド	HSBCオルタナティブ・インベストメンツの旗艦ファンド。主なヘッジファンドにバランスよく分散投資したファンド・オブ・ヘッジファンドに投資する。
HSBC マルチ・アドバイザー・アービトラージ・ファンド	債券、外国為替、エクイティ証券などの金融市場において、アービトラージ(裁定)戦略に基づいて運用しているヘッジファンドの中から厳選したヘッジファンドに投資する。
HSBC クレジット・マーケット・オポチュニティ・ファンド	ストレスト(混乱した)、またはディストレスト(財務状況が悪化した)の市場機会を投資チャンスと捉えて運用するマネージドアカウントや投資信託に厳選投資することで、絶対収益を狙う。

(注) 連動債のリターン・リスクはインデックスのものであり、実際に連動債で運用される場合と異なる
※1 当初2年間は手数料が発生　※2 当初3年間は手数料が発生　※3 当初1年間は解約不可

参考までに、図5-1にクレディ・スイスのプライベートバンクが日本の顧客に提示している金融商品の一覧を用意しました。本来は門外不出ですが、2014年に「週刊ダイヤモンド」で〝すっぱ抜かれた〟ものです。

商品名を見ても、おそらく大半の方は意味がわからないと思います。ただ、商品名の最後が「債」で終わっている商品はいずれも仕組債です。

この仕組債のなかでも特に「連動債」というのは、ある指数に連動して利回りが出るように調整される仕組債のこと。インデックスファンドが日経平均などに連動するように作られているのと似ています。

クレディ・スイスはさまざまな指数を独自に作りだすことを得意とする金融機関なので、同社の仕組債はプロの投資家たちにも人気があります。

富裕層が仕組債を買うメリットは、本来、機関投資家や法人ではないと買えないようなポジションを取れることです。たとえば「CSリスク・アペタイト・インベスタブル指数（レラティブ・バリュー）連動債」は、先ほどのヘッジファンドのように「ロング・ショート戦略」のポジションを取ります。そのため、ヘッジファンドに投資をしなくても、マーケットの上下動の両方で利ざやが取れる人気商品です。しかもヘッジファンドほど手数料が高くありません。

証券会社系プライベートバンクの強み「IPO株の優先割り当て」

企業が上場するときに配分されるIPO株。運良く上場前の公募価格で買うことができれば、上場日に初値がついた瞬間に価値が数倍くらいに跳ね上がることもあります。時に公募価格割れを起こすこともありますが、過去の実績を見ても滅多にありませんし、もしあったとしても10％減くらいがいいところなので、基本的には投資家が勝てる可能性が高い、プレミアム商品といえます。

さて、普通の投資家がIPO株を入手する手段として思い浮かぶのは、「抽選」だと思います。

IPO株というと、市場に出る株式のほとんどが抽選に回ると思われがちですが、実際に抽選で買えるものの割合は全体の1～2割くらいにすぎません。それ以外は上場の主幹事会社を中心に、各証券会社に「裁量配分」という名目で配布され、さらにそこから各支店へ割り当てされていきます。

「裁量」というくらいですから、それをどう配分するかは証券会社次第。支店レベルでは、頻繁に大きな額を取引する「太い」顧客や、これから優良顧客になりそうな投資家などへ割り当てられるケースが目立ちます。

プライベートバンク部門を持っている証券会社であれば、当然のようにプライベートバンクの顧客用にも回ってきます。これは証券会社系プライベートバンクならではの強みで、特に野村、大和、日興といった主幹事に強い大手証券会社は有利です。

プライベートバンカーとしては、新規開拓営業の際、随分と素直にこちらの提案に乗ってくるなと思ったら、最後に「じゃあ、ＩＰＯ株よろしくね」と言われることも少なくありません。最初からＩＰＯの配分目当てで契約をする富裕層もいるのです。

ただし、プライベートバンクで口座を開設する顧客全員にＩＰＯ株が割り当てられるわけではなく、それなりの額の取引をしていただいたお客様から優先的に割り振っていくケースが多いのが実感です。

成功すれば大儲け！「ＰＥファンド」と「ＶＣファンド」

普通の投資家が買いたくても買えない商品といえば、プライベートエクイティ（ＰＥ）ファンドも有名です。プライベートエクイティとは「私的な株」、つまり「未公開株」のことです。

PEファンドの目的は、投資家から集めたお金で、英語でディストレスシチュエーション(distress situation)という傾いた会社や、本来の価値よりも割安な会社を買収し、(経営陣を送り込んだうえで)復活させ、株主として利益を得ること。そのため、「企業再生ファンド」ともいわれます。

世界的に有名なのはブラックストーン・グループ、パーシング・スクエア・キャピタル・マネジメント、ベインキャピタル、カーライル・グループ、コールバーグ・クラビス・ロバーツなど。日系では、ユニゾン・キャピタルやアドバンテッジパートナーズが2大PEです。

PEファンドに出資するのは大手金融機関、政府系機関、年金基金、大学基金などの機関投資家が中心ですが、プライベートバンクの顧客になるとこうしたファンドへの出資が打診されることがあるのです。

基本的にハイリスク・ハイリターンの商品であり、一度購入すると5年、10年といった長期にわたり解約できないという制約もあります。そのため、プライベートバンクが顧客のポートフォリオにPEを組み込むときは、全体の資産の数%くらいに抑えるのが一般的です。

ただ、数%といってもPEファンドへの投資はかなりの大口になります。

たとえば日本の2大PEであるユニゾン・キャピタルとアドバンテッジパートナーズが組成するファンドは、個人で買うなら億単位が必要です(昔は金融機関や機関投資家など一部の法人だけが買えるものでしたが、今では一部個人にも門戸が開かれました）。また、ブラックストーンやパーシングなどの世界有数のＰＥへの投資も、各社がファンドを組成する際にプライベートバンク経由で投資ができますが、最低数億円のロットからになります。

同じく未公開株でも、ベンチャー企業に出資をするベンチャーキャピタル（ＶＣ）もあります。かつては野村證券が日本最大のＶＣであるジャフコを保有していたので、同社がファンドを組成すれば野村證券のプライベートバンクの顧客には、情報が行っていました（支店でも購入できます）。こちらの最低ロットは1億円でした。

ＰＥにしろＶＣにしろ「出資者は多いほど良さそうなのに、なぜ大口限定なのか？」と思われるかもしれません。

その理由はいくつかあって、まず1億円くらい出せる大口の投資家でないとロングタームで投資できないこと。加えて、小口のお金を集めるようになると管理の負担が増すという実務的な側面もあります。

また、訴訟対策も1つの理由で、未公開株ファンドの場合は運用の実態を可視化しづらいので、小口の個人投資家に門戸を開くと訴訟になりかねないのです。

相手が法人であれば、訴訟になっても「自己責任ですよね」と言うだけで勝てることが多いですが、相手が個人になると途端に法律で守られるのが日本です。特に最近、「グレーゾーン金利」の過払い分の回収が一通り終わったことで、一部の弁護士たちが次の標的に定めているといわれるのが証券訴訟です。「うちの顧客が理解できなかったのは、おたくらが説明責任を果たさなかったからだ！」と難癖をつけ、訴訟を起こしていると聞きます。

こうした無用なトラブルを避けるためにも、ＰＥやＶＣとしては、リスクを承知のうえで運用を任せてくれる金融リテラシーの高い投資家以外とは付き合いたいと思わないのです。

他にも、私募ファンドとしてさまざまなものがプライベートバンクでは扱われます。たとえば、米国上場のテクノロジー株への投資に特化したものや、アジア株のなかでも時価総額の小さい「スモールキャップ」に投資をするもの。新興国の不動産に投資するもの。それから東京都がスパークス・グループと組んで設定したような太陽光や風力などのクリーン発電事業に投資をするものなど、多岐にわたります。

かつて一世を風靡した「サムライ債」

外国の政府や銀行が、日本円での資金調達のために日本国内で発行する珍しい債券が存在します。この特殊な外国債券のことを通称「サムライ債」といいます。

参考までに、２００８年以降、日本の個人投資家向けに発行されたサムライ債の一覧を掲

図5-2 個人投資家向けに発行された主なサムライ債（2008年度以降）

販売時期	発行体	年限	利率	発行額
2008/04	オーストラリア・コモンウェルス銀行	3年	1.68%	400億円
2008/05	オーストラリア・コモンウェルス銀行	3年	1.57%	400億円
2008/06	シティグループ・インク	3年	2.66%	1,865億円
2008/07	ウエストパック・バンキング・コーポレーション	3年	1.97%	216億円
2009/02	オーストラリア・ニュージランド銀行	3.5年	1.27%	300億円
2011/06	アンデス開発公社	4年	1.00%	100億円
2011/07	ポーランド共和国	4年	1.25%	250億円
2012/02	オーストラリア・ニュージランド銀行	4年	1.09%	117億円
2012/05	ポーランド共和国	5年	1.49%	250億円
2014/02	スペイン王国	3年	0.69%	105億円

載します（図5-2）。

日本人にとってのサムライ債の魅力は、円建てで取引できるうえに、日本のその他の債券と比べると利率が高いことです（新興国や資金調達の必要に迫られた企業など、信用力の低い発行体が多いことがその理由です）。

と聞くと買いたくなりますが、最低ロットが5000万円や1億円くらいの商品が中心だったので、一般の人にはまず手が届きません。

2008年の金融危機以降の数年間、資金的に厳しかったシティバンクやゴールドマン・サックスなどの米系の金融機関が日本で立て続けに発行し、それが市場を経由して、機関投資家や富裕層に売られまくっていたという商品でもあります。

しかも、このときに債券を買った人たちは、高い利回りを享受しただけではなく、債券価値の上昇でキャピタルゲイン（値上がり益）を出すこともできました。金融危機以降の信用リスクが縮小していったことと、世の中の金利が下がれば下がるほど、（相対的に利率が高い）発売済みの債券の価値が上がっていったためです。

現在は、外国の政府や銀行が日本円で資金調達をする必要性が薄れたためか、市場でのサムライ債の存在感は薄れています。

人気急上昇の「CoCo債」

ここ1、2年、国内外のプライベートバンカーと情報交換しているときによく話題にのぼるのが、CoCo債と呼ばれるユニークな社債です。Contingent Convertible Bondsの略で、日本語では偶発転換社債と呼ばれます。社債でありながら株式に「転換」されるので、ハイブリッド証券と表現されることもあります。

これが今、富裕層に売れているのです。

発行しているのは銀行や生命保険会社などの金融機関です。金融危機の反省から生まれた金融機関に対する新たなルール（通称、バーゼル規制）によって、金融機関は自己資本比率の健全化を求められました。そのなかで大量に発行されたのが劣後債や永久劣後債です。劣後債とは、万一、発行者の金融機関が倒産したときに配当を得られる順番が後回しになる代わりに、高い利回りを得られる社債のことです。

しかし、その後に定められた新たなガイドライン「バーゼルⅢ」によって、劣後債や永久劣後債を、金融機関の自己資本から取り除く必要が出てきました。そこで金融機関が別の手段で自己資本比率を厚くするために積極的に売り出し始めたのがＣｏＣｏ債です（念のため正確にいえば、劣後債が自己資本に算入できなくなったわけではなく、損失吸収条項や株式強制転換が必要となりました。また日本ではバーゼルⅢ対応で新型劣後債が発行されています）。

プライベートバンクが提案するＣｏＣｏ債は、欧州系や日本の金融機関、特に生命保険会社が発行するものが主流です。外資系のプライベートバンクでは、ＣｏＣｏ債の購入資金調達のために、日本の証券を担保にした現地通貨によるローンを斡旋してくれるため、富裕層は実質的に為替リスクなしでこのような債券に投資できます。

「成長株」の情報提供

株価が10倍以上になる銘柄のことを「テンバーガー（10倍株）」と呼びます。夢のような銘柄ですが、それを約３６００社もある上場銘柄のなかから投資家が独力で見つけることは容易ではありません。

社会や業界に大きなインパクトを与えるような材料がそろわないと到達できる基準ではなく、企業分析だけでなく社会や業界自体の未来予測もベースにないと難しいでしょう。

その点で力を発揮するのが、プライベートバンクやそのグループに所属するアナリストです。10倍になる保証はできないにしても、高い確率で大きな伸びを見せそうな銘柄を抽出することができます。プライベートバンクは、顧客から要望があれば社内外のアナリストの情報を集め、成長株につながるヒントを惜しみなく提供することができるのです。

ただし、株式投資においてより有効になり得ると感じるのは、経営者である富裕層が、自分が属する業界への知見や予測と、アナリストからの情報を掛け合わせるケースです。実際、顧客から「A社の株価が大化けすると読んでいるんだけど、アナリストにもう少し研究してもらっていいですか？」と調査のお願いをされることもあります。

このような、経営者の洞察とアナリストの分析の組み合わせによって大きな成長株が発掘される例を複数見てきました。

資産圧縮のための「不動産投資」

プライベートバンクの顧客がすでに高齢の場合には、資産を増やすことの優先順位は高くありません。それよりも喫緊の課題が相続税対策です。そして相続税対策に不動産保有が効果てきめんなことは、よく知られています。ご存じの方も多いでしょうが簡単に説明しましょう。

日本の土地の価格は複雑で、1つの土地に「実勢価格」と「公示地価」、「相続税路線価」「固定資産税路線価」という4つの価格があります。実勢価格とは実際の市場で売買されている価格で、公示地価は国土交通省が毎年調査して発表する、土地取引や土地税制評価の基準となる価格。相続税路線価と固定資産税路線価は、それぞれの税金を決める基準となるものです。

そして、相続税対策としての不動産保有でポイントになるのが、実勢価格と相続税路線価の違いです。

路線価は多くの場合、実勢価格の70~80%程度です。つまり1億円で購入した不動産でも、相続税・贈与税を計算する際には7000万円~8000万円の資産と見なされ、税額は実際の資産価値よりも低くなるということ。タワーマンションを購入して節税をおこなう「タワマン節税」が数年前に話題になりましたが、これは実勢価格と相続税評価額の乖離《かいり》による節税効果を狙ったものでした。

また、相続人がその住居に実際に住み、一定の条件を満たすことで相続税評価が8割も減額される「小規模宅地等の特例」や、マンションやアパート経営に活用することで減税される「貸家建付地の優遇措置」など、不動産にはさまざまな形で相続税評価額を減らせる仕組みがあります（2015年より贈与税・相続税の最高税率のアップがおこなわれ、また相続における基礎控除枠の減少で相続税の対象になる人も増えたため、このあたりの知識は富裕層以外の人にとっても重要です）。

すでに使い切れない資産を持つ富裕層は、資産を「増やす」ことよりも「減らさない」ことに対するニーズが強いため、この税金対策の提案は富裕層にとって非常に刺さりやすいわけです。

よって、富裕層がてっとり早く資産を圧縮して相続税を減らしたいのであれば、不動産を買い漁ることが有効な手段です。その際には当然、売買手数料や仲介手数料が発生しますが、不動産を買うことで相続税が仮に数千万円、数億円抑えられたら十分ペイできるのです。そういったシミュレーションもプライベートバンクがおこないます。

一般の人はそのような不動産の買い方はできませんから、これも一種の富裕層限定の資産運用法といえるでしょう。

ちなみに、相続対策を目的とした不動産投資が多いといっても、日系のプライベートバンクだけでなく、外資系のＵＢＳやクレディ・スイスでも不動産担保ローンを扱っており、不動産投資の支援をしています。株や債券などの金融商品を担保にして、借りたお金で不動産投資をするような柔軟な運用戦略も各社ごとに用意があります。また、プライベートバンカー自身が独自に不動産投資会社とネットワークを構築しているケースもあり、個別でキックバックを受けとっているという噂もかつてよく耳にしました。

知る人ぞ知る「オフショア生命保険」

富裕層は生命保険にあまり興味を示しません。保険は不測の事態が起きたときにお金で困ることを防ぐためのセーフティーネットですから、潤沢な資産を持っている富裕層には不要なのです。

富裕層にとって保険の意義があるとすれば、相続対策です。死亡保険金はキャッシュで入ってくるので、相続税を支払うときの現金として使うケースが考えられます。ただし、日本では死亡保険金にかけられる金額はせいぜい数億円くらいが限界なので、ケタ外れの富裕層にとっては焼け石に水のこともあります。

また、死亡保険金は「500万円×被相続人の数」だけ非課税になる特例がありますが、こちらも一定以上の富裕層からすればあまり大きなメリットとはいえません（逆にいえば、準富裕層クラスの人の相続対策としては有効な手法になります）。

そうした前提で、一部の富裕層が興味を持つことがあるのが、海外の生命保険、通称「オフショア保険」です。ただの積立年金のような商品が大半ですが、なかには生命保険の証券を担保にして融資を受けられる銀行が存在します。

オフショア保険の利点は、レバレッジをかけた巨額の死亡保険金を設定できること。最大100億円程度の死亡保険金まで加入することができます。

具体的な仕組みはこうです。

契約した生命保険を担保にして、プライベートバンク経由で銀行融資がつきます。そのお金を使って契約額を上乗せすることで、死亡保険金の額を大きくするのです。借りた資金は死亡保険金が支払われるときにそこから完済できるので、遺族が負債を抱えるリスクもありません。

ちなみにこのスキームを顧客に提案していることで有名なのが、バンク・オブ・シンガポールです。そのスキームは商品化されて他のプライベートバンクでも取り扱われており、高い人気を得ています。

第6章

私たちにもできる
プライベートバンクの資産運用法

富裕層と一般人を分ける「1億円の壁」。

プライベートバンクの顧客となるかならないかの「壁」一枚を隔てるだけで、資産運用の思想や手法がまったく違うものになることがおわかりいただけたと思います。

でも実は近年、金融商品のバラエティが増えたおかげで、資産運用についてはプライベートバンクを通さなくても、各自の知識次第でその運用戦略を真似ることができるようになってきています。前章で紹介したような富裕層限定の金融商品についても、直接的に買うことはできなくても、類似の商品を組み合わせたり考え方を変えることで、その本質をカバーすることができるのです。

本章では、富裕層以外の人でも比較的気軽にできる「プライベートバンク的な資産運用」を紹介したいと思います。なお、本章は、「準備編」「配分編」「株・債権投資編」「オルタナティブ投資編」に分かれています。最初の「準備編」はごく基本的な内容ですので、不要な方は「配分編」からお読みください。

準備編①
ライフプラン表を作り、自分で「ゴールベース資産管理」をする

プライベートバンクが顧客のヒアリングでまずおこなうのが、「ゴールを聞き出す」だと

図6-1　ライフプラン表の例

		現在	1	2	3	4	5	6	7	8
	経過年	現在	1	2	3	4	5	6	7	8
	西暦	2017	2018	2019	2020	2021	2022	2023	2024	2025
	夫	35歳	36歳	37歳	38歳	39歳	40歳	41歳	42歳	43歳
	妻	30歳	31歳	32歳	33歳	34歳	35歳	36歳	37歳	38歳
	子①	3歳	4歳	5歳	6歳	7歳	8歳	9歳	10歳	11歳
	子②	2歳	3歳	4歳	5歳	6歳	7歳	8歳	9歳	10歳
	家族のライフイベント						住宅購入			
			入園			小学校				
				入園			小学校			
キャッシュフロー（万円）	収入	450	458	466	474	482	490	498	506	514
	生活費	250	250	253	256	260	260	260	260	265
	住居費	110	110	130	110	110	820	115	115	115
	教育費	0	0	24	50	60	60	65	65	65
	支出合計	360	360	407	416	430	1140	440	440	445
	収支差額	90	98	59	58	52	−650	58	66	69
	貯蓄残高	550	648	707	765	817	167	225	291	360

（注）住宅購入後の住居費はローン金利支払い

いうことはすでにお話ししました。

ゴールはその人自身のものですから、本来は自分でできることです。問題はそれを言語化できるか、定量化できるか、です。

たとえば野村證券の場合、営業担当者は資産設計アプリがインストールされたタブレットを持っているので、ゴールを具体化するためのシミュレーション結果がその場で出てきます。

「おお、すごい！」と思っていただけるのですが、実はこれは、生命保険の営業でよく見かける「ライフプラン表」そのものです。そしてライフプラン表は、ファイナンシャルプランナー資格のなかで最も簡単なＦＰ３級で学ぶ初歩的な内容であり、普通の人でも自分で作れてしまいます。

「ライフプラン表」で検索すれば、インターネットでいくらでもフォーマットをダウンロードできます。基本的には、フォーマットを埋めていくだけの簡単にできる作業ですが、その効果は絶大です。たとえば図6-1の家族のように、今後、子供の教育費として潤沢なキャッシュを確保しておきたいのであれば、お子さんが何歳の時点でこれくらいの現金が必要になる、といったことが可視化できるようになります。

ライフプラン表を作ったからといって、お金が増えるわけではありませんが、「何年後にいくら必要か」ということが見えていないと、毎月入ってくる給料や売上のうち、どれくらいを「今の消費」として使ってよく、どれくらいを資産運用に回すべきなのかもわからないはずです。その意味で、将来のお金のシミュレーションは、必要以上の浪費が防げるという点でも大きな意義があります。

ファイナンシャルプランナーが最初に習うということは、簡単かつ、一番大事なものということなのです。

とはいえ、ただライフプラン表を作るだけでは、資産設計の下準備としては不十分です。多くの場合、ライフプラン表で想定するのは、将来の家賃や子供の大学進学費用など、あくまでも最低限かかるコストにすぎず、プラスアルファの「こんな生活がしたい」といった自己実現の話がゴソッと抜け落ちてしまうからです。

そこで重要なのが、プライベートバンクの「ゴールベース資産管理」の発想です（第4章参照）。「このままいくとどうなるのか」ではなく、「自分は将来、どうありたいか」という理想像を明確にし、それを実現するためにはいくらのお金が必要なのか試算します。さらに、そのお金を作るために今何をすべきなのかを逆算しながら計画を練るのです。

個人的な印象としては、この発想に切り替えられると、資産運用だけでなく人としての成長にもドライブがかかります。ゴールを達成したい期日を設定することで、お金だけでなく生活のあらゆる場面で、逆算的な発想と行動ができるようになるのです。

準備編❷ BSとPLで資産とキャッシュフローを見える化する

ゴールが決まったら次は現状の把握です。

資産額の大きい富裕層の場合は、PL（損益計算書）よりもBS（貸借対照表）でストック（資産）の配分を把握し、調整することのほうが、インパクトが大きくなると書きました。一方、一般家庭の場合は、「ストックの活用」だけではなく「ストックを増やすこと」も同じく重視すべきです。BSとPLが両方とも重要だ、ということですね。

図6-2 個人のＰＬのサンプル

収入		
給料		××××
○○○株配当金		×××
△△△株売却益		×××
支出		
固定費	住宅ローン	×××
	固定資産税	×××
光熱費	電気代	×××
	ガス代	×××
	水道代	×××
生活費	食費	×××
	交際費	×××
特別費	○○○株値下がり	×××
貯蓄		××××

それぞれ解説しましょう。

◉ＰＬをもとにキャッシュフローの改善策を考える

会社で使うＰＬは漢字だらけの項目がズラズラと並んでいるので難しく見えるだけで、実際に書いてあるのは「売上」と「費用」と「利益」の３つだけです。

一般家庭は、それに対応する「収入」と「支出」と「貯蓄」で考えれば十分でしょう。家計簿ではないので最短でも四半期、通常は半年単位、１年単位でＯＫです。確定申告と同じように12月末で「決算」するとわかりやすくなります。

サラリーマン世帯がＰＬを作ると図

6-2のようになると思います。

サラリーマンであれば、「収入」の項目はほぼ給料になるでしょう。金融商品を持っているのであれば、その配当金やその年に手放した商品の売却益を書き込んでいきます。

「支出」は固定費、光熱費、生活費、特別費など、一般的な家計簿と同じような項目分けをしたうえで、その年にかかった家賃や食費、交際費などの生活コストや税金などを計算して書き込みます。なお、ローン金利もコストですし、保有資産が値下がりした場合も特別損失として支出に反映させましょう（あとで説明するように、大まかな金額でかまいません）。

ちなみに投資信託などで毎月積み立てをしている場合、その金額はPLには書き込みません。現金だったものが投資信託という別の資産クラスに移動しただけなので、PLには反映されず、BS上だけで反映されるわけです。

そうやって完成した「収入」から「支出」を引いたものが「貯蓄」で、会社でいう当期純利益となります。それがBSの「利益剰余金（つまり現預金）」の部に足されていくことになるのです（図6-3）。

ただ、これを1円単位で正確にやろうと思ったら、日々の家計簿が必要になってしまいます。となると、続けられる人は滅多にいないはずです。

ここでのPLの目的は、自分のキャッシュフローの全体像を把握し、改善点を見つけるこ

図6-3 PLとBSのつながり

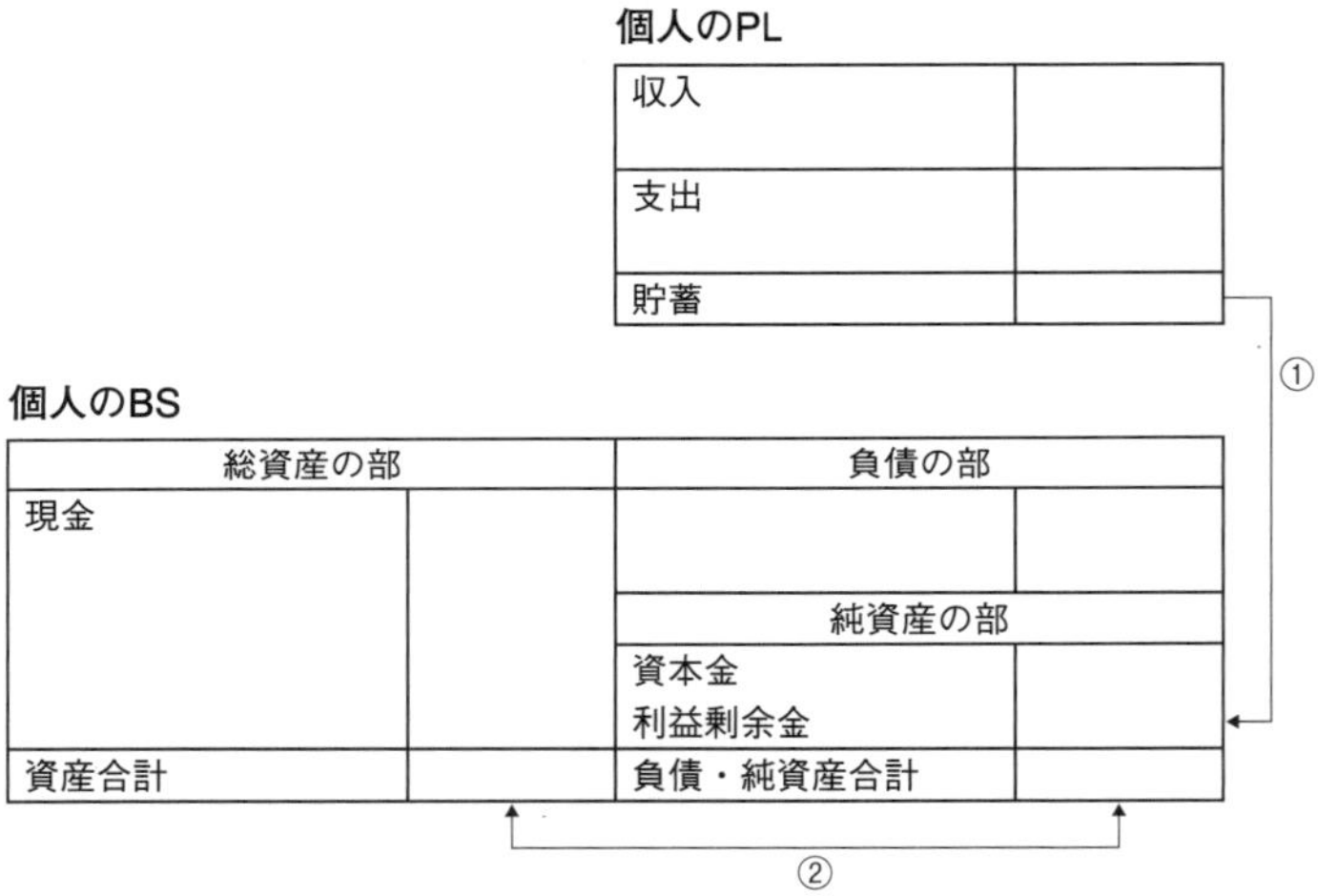

①PLから出た利益（貯蓄）が、BSの利益剰余金（現預金）になる。
②BSの「資産」と「負債」は一致する。

と。なので、そこまでの精度は要りません。「1円を笑う者は1円に泣く」という言葉がありますが、PDCAを回すときの基本は「もっともインパクトの大きいところから着手すること」であり、1円単位の管理はあらゆる手を尽くした最後におこなうものだと思います。

まとめた「収入」と「支出」を眺めて何を感じるかはその人次第です。もし予想以上に支出が多いのであれば、「なぜこんなに使っているのだろう?」と注意深く支出の項目をチェックしてみてください。もしかしたら大きな無駄遣いが潜んでいて、それをそのまま資産運用に回せる可能性もあり

図6-4 個人のBSのサンプル

総資産		負債	
現預金	×××	住宅ローン	×××
有価証券	×××	教育ローン	×××
生命保険	×××	奨学金	×××
自宅	×××××		
車	×××	**純資産**	
年金	×××	（総資産－負債）	×××

ます。

あえて助言をするなら、せっかく可視化したのですから、課題は1つに絞らず、「収入を増やすための課題」と「支出を減らすための課題」をリストアップしてみましょう。そのうちインパクトの大きそうな課題を3つくらい選んで実行するだけで、面白いくらい家計は改善されるはずです。

◉BSで眠っている資産を浮き彫りにする

一般家庭のBSはPLより簡単で、「総資産＝負債＋純資産」という方程式を頭に入れておくだけです。

書く順番は左側の総資産から。「現預金」「有価証券」「生命保険」「車」「年金」くらいで、もしマイホームをお持ちなら資産のほとんどが不動産になると思います。生命保険は解約返戻金の分を記入してください。ただし、相続といった形で考える際は死亡保険金の分の金額を書くといった使い分けをします。年金は生きている間はずっと出るものの扱いが難しいのですが、平均寿命までもらえる分（65歳から平均寿命までの年数×年間の年金金額）といった形で計上しておくとよいと思います。

PLと同じく、こちらもあまり細かく管理する必要はありません。たとえばブランド品のカバンや靴、宝飾品を持っているとしても、それが売却して数十万円以上しないのであれば、まとめて概算すれば十分です。

次に右側の負債の部に、住宅ローンや車のローンなどの借入残高を書き込んでいきます。そして「総資産－負債」は全て、純資産になります。

教育ローンがある場合は、借りた額を現預金として左の総資産の部にのせ、実際に入学金や授業料などで使った分は支払いごとに減らしていき、ローン残高を右の負債に記録するようにします。

ここで出来上がったBSを見ながら自問すべきことは2つ。

「借り入れが多すぎないか？」「眠っている資産が多すぎないか？」です。

もしローンが多いのであれば、実際にいくらを利子で支払っているのか、改めて精査してみるといいでしょう。リボ払いなどで大損していることに気づいていない人は結構います。

また、「眠っている資産」の大半は預貯金になると思うので、その内いくらなら投資に回してよいかも見えてくるはずです。固定資産である自宅などの不動産や車なども、お金を生

図6-5 お金を3つの用途に分ける

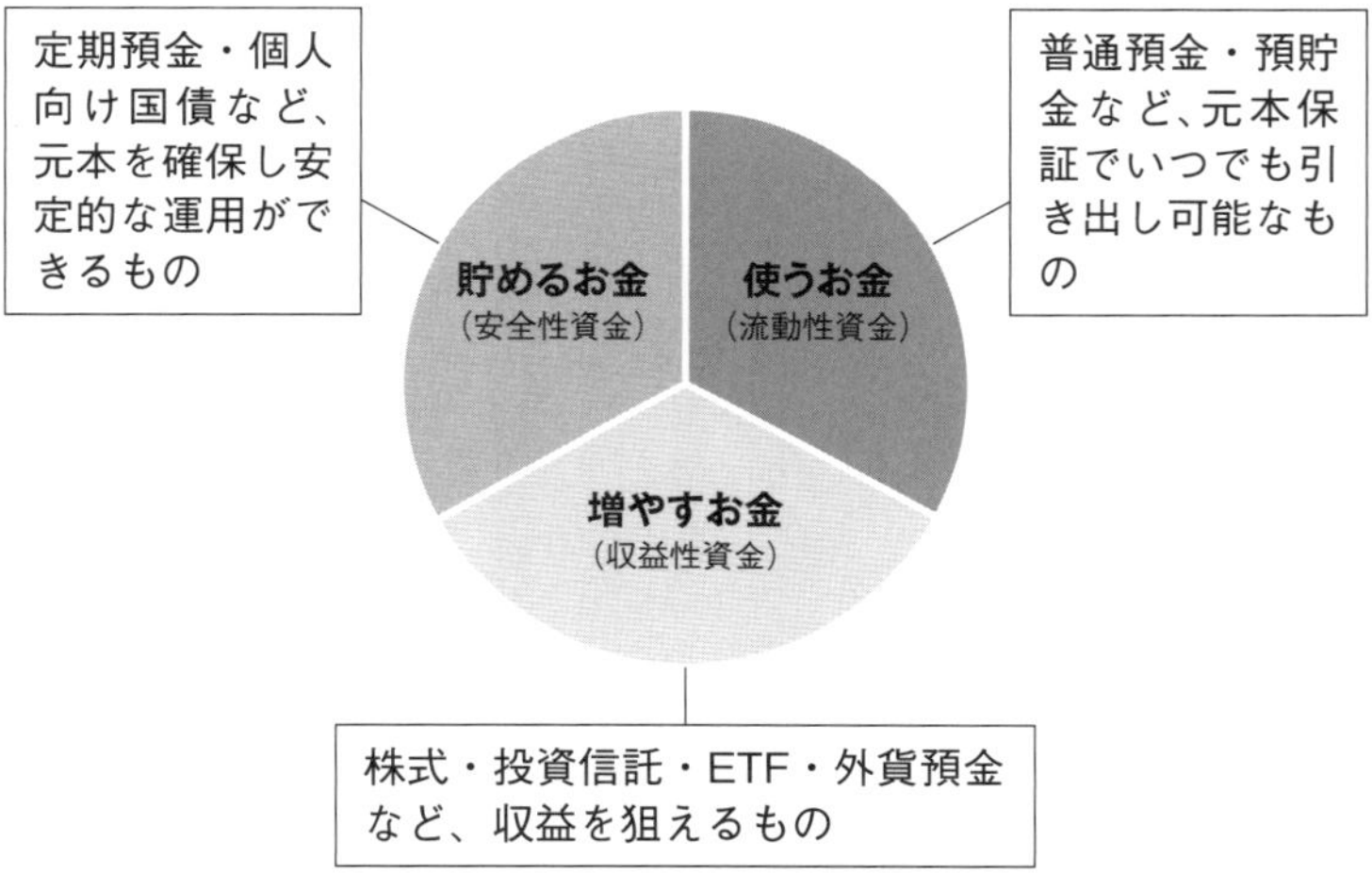

み出さないのであれば、「眠っている資産」として考える必要があり、こちらもBSを書くことで、その扱いを再検討するきっかけとなります。

準備編③ お金に色を付ける

ライフプラン表によって、将来にわたって必要になるお金がある程度見え、さらにBSとPLによって資産運用に回せる金額が把握できたら、次のステップはお金を用途別に分けることです（図6-5）。

これは、FPが「お金に色を付ける」という作業です。プライベートバンクであればポートフォリオマネージャーが担当しますが、当然、自分でもできます。

まず、毎月必要になる生活費は**「使うお金（流動性資金）」**として、普通預金やMRF（証券口座を使った普通預金のようなもの。銀行より利回りが高い）などで管理しましょう。目安としては3〜6ヶ月分は確保しておきたいところです。

次に、数年後に必要になることが見えている学費や住宅購入の頭金などについては**「貯めるお金（安全性資金）」**に分類します。定期預金や個人向け国債などで、満期を迎えるタイミングを考え、安全に運用するといいでしょう。

そして残ったお金が**「増やすお金（収益性資金）」**です。これが「配分編」で紹介するポートフォリオの軍資金になります。

【コラム】富裕層はギブ&ギブで運を引き寄せる

私は、証券会社の営業マンとして、プライベートバンカーとして、そして起業家として多くの富裕層とお付き合いをする機会をいただきました。そのうえで思うのは、「富裕層はケチ」「富裕層はワガママ」といったステレオタイプ的な富裕層は、実はあまり多くないということです。

むしろ富裕層の特徴を挙げるなら、「ギブ&ギブの精神があること」だと思います。やたらと面倒見が良かったり、人と人をつなげることが大好きだったり、困っている人がいたら骨を折ったりと、本当の富裕層になってくると献身的な人の割合がグンと上がる印象があります。

日頃からギブ&ギブの精神で周囲に奉仕しているからこそ、「この恩をいつか返してあげよう」と思う人たちが増え、結果的に「いい話」が舞い込んでくる。もしかしたらそれはビジネスでの窮地を救うような人との出会いかもしれませんし、またとない投資の機会かもしれません。

一代で財を築くような富裕層を指して「運が良かっただけだ」と片付けるのは簡単です。私が見ている限り、富裕層の多くは「運を引き寄せた人たち」だと思うのです。つまり、実際には恩が巡り巡って自分のところに帰ってきているだけなのだと。

また、富裕層になると、そのようなギブ&ギブの精神を持った成功者との付き合いが増えていくので、その恩の連鎖はより小さく、早く回るようになり、運を分かち合う正のスパイラルに入っていくケースがよくあるように思います。

実は、プライベートバンクと富裕層の関係を考えても似たようなスパイラルが存在していて、富裕層の友人を紹介してくれるような顧客には、プライベートバンカーとしても恩義を返したいと思うものです。

掘り出しものの案件を真っ先に持って行ったり、有利な条件を提案するために本社側との交渉に気合を入れたりと、同じ顧客であってもいつのまにか多少の温度差が自然と出てきます。人間のやることですから当たり前です。

皆さんが今後、資産運用を本格的に始めていって、その過程で新たに学んだことや得た情報があれば、それを自分だけのものにしないで、資産運用に関心を持っている人に対してどんどんシェアしていくとよいかもしれません。そうしたことを続けていれば、必ずや、相手からも耳寄りな情報が入ってくるはずです。それこそがギブ&ギブの循環が起きた瞬間であり、富裕層への道が近づいた時なのです。

配分編❶ 外貨預金の代わりにFXを使う

BSを使って自分の資産を整理することで見えてくるもう1つ重要なことは、「円建て資産」と「外貨建て資産」の配分です。

おそらくほとんどの人は、資産の100%が円建てでしょう。その場合、次項から説明する具体的な資産運用の配分については、意識的に外貨建て商品を増やすという調整が必要になります。

特にマイホームを持っている方は、資産規模にもよりますが日本円の資産を十二分に持たれている場合が多いので、株や債券やREITなどに投資をするときには100％近くを外貨建てにしてもいいかもしれません。

また、「増やすお金（収益性資金）」が見えたからといって、全額を株や債券などに回す必要はありません。一部は外貨建てで貯金するのもいいでしょう。

その際、巷《ちまた》の銀行で外貨建て預金をすると為替手数料が高いことが多く、不利になります。たとえば、一般的なケースでいえば、米ドルを窓口で取引すると1ドルにつき1円かかります。つまり預けて、引き出すと2円かかるわけで、パーセンテージにして約2％。2％の手数料を簡単に取り返せるほど、今のドルの利回りは高くありません。

ちなみに一般的なケースではないですが、野村證券の場合は、1億円を超える為替取引については（取引の形態が「相対取引」と呼ばれるものに変わるために）手数料がほぼゼロになるサービスを設けていました。

一時的に外貨としてとっておきたいのであれば、FXに口座を開き、レバレッジをかけない（1倍）で放置する方法が最も安上がりになります。FXは売買手数料が無料なものがほとんどですし、スプレッド（売値と買値の差分）についても米ドルなら平均で0・3円くらいです（FX会社によって異なります）。

また、FXの特徴としてスワップ金利というものがあり、たとえば日本円を米ドルに両替

（実際にはポジションを買っているだけ）すると、米ドルの金利のほうが日本円の金利より高いので、その金利差が毎日もらえます（逆に日本より金利の低いスイスフランなどを買うと、金利差を毎日支払うことになります）。さらにＦＸ会社によっては、外貨のまま下ろせるところもあるので、外貨預金よりも圧倒的にお得になるのです。

もう１つ外貨について補足します。

「外貨＝米ドル」とは限りません。実際にどの国の通貨でどれくらいの資産を保有すべきかという疑問もあるでしょう。

外貨資産の配分の目安としては、国際通貨の為替取引高を参考にするといいと思います。世界の為替取引高は、国際決済銀行（ＢＩＳ）が3年ごとに発表しています。直近の２０１６年データからトップ10を抜き出すと、世界の基軸通貨である米ドルが全体の約9割、２位がユーロで約3割、3位が日本円で約2割、4位が英ポンドで約1割（合算すると２００％になるデータです）。これらの数値を１００％に直して考えれば、**「米ドル45％：ユーロ15％：日本円10％：英ポンド5％」**くらいの比率になるということです。それ以外の1割未満の通貨については、経済の見通しなどを考えて「この通貨は強くなりそうだ」と思うものがあれば、それに振っておくといいでしょう。

ちなみに中国元は２０１３年の調査のときからシェアが倍増しています。現時点では（経済成長を見越した投資をする目的は除き）分散先としての価値は高くないかもしれませんが、今後マーケットシェアがさらに伸びてくれれば、配分先の候補として考えるべきだと思います。

配分編❷ 「ハーバード流ポートフォリオ」をベースにアレンジする

ここから話がいよいよプライベートバンク的になってきます。

自分でポートフォリオを組むことなどなかなか想像しないと思いますが、オルタナティブ投資によってマーケット依存リスクを分散させる「ハーバード流ポートフォリオ」は、一般家庭でも十分有用です。

基準となるポートフォリオは以下の通りです。ハーバードの場合はかなりの長期投資を前提としているのでＰＥなどが多めですが（128頁参照）、ここでは一般家庭でも応用できるわかりやすい目安になるよう、４つの大項目に資産クラスを等分しています。

株式…25%
債券…25%

図6-6 家庭でも応用できる「ハーバード流ポートフォリオ」

株式 …… 25%

個別銘柄（成長株、IPO株）…… 5%

国内、先進国、新興国株式ETF …… 20%

債券 …… 25%

国内、先進国、新興国債券ETF …… 25%

オルタナティブ投資（金融） …… 25%

（PEの代替として）未公開株ETF …… 5%

（ヘッジファンドの代替として）ヘッジファンド型投資信託またはETF …… 20%

オルタナティブ投資（現物） …… 25%

（リアル不動産の代替として）REIT、不動産クラウドファンディング、アセットシェアリング …… 15%

コモディティETF …… 10%

オルタナティブ投資（金融資産）……25%

オルタナティブ投資（現物資産）……25%

これをさらに細かく分割し、富裕層ではない人でも買える商品を当てはめていくと図6-6のようになります。各資産クラスについては後ほど個別に解説します。

なお、すでにマイホームを持っている場合は不動産リスクを負っているので、不動産投資の割合を15%から0%に落として、株式、債券、コモディティETF、オルタナティブ投資（金融）を合計で15%上げるような調整をするといいと思います。

図6-7 4等分のポートフォリオを用いて運用される投資信託商品

〈参考配分比率〉

資産クラス・種別	比率
マクロ戦略※1	20.0%
株式市場中立戦略※2	5.0%

※1 個別銘柄ではなく、各国の株式、債券、通貨といった資産全体に着目し、先物等も活用した買いと売りの組み合わせ等により絶対収益の獲得を目指す投資戦略をいいます。

※2 個別銘柄の買いと売りの組み合わせにより市場全体の影響を抑えつつ絶対収益の獲得を目指す投資戦略をいいます。

〈参考配分比率〉

資産クラス・種別	比率
国内大型株式	8.0%
国内小型株式	7.0%
先進国株式	6.0%
新興国株式	4.0%

〈基準配分比率〉

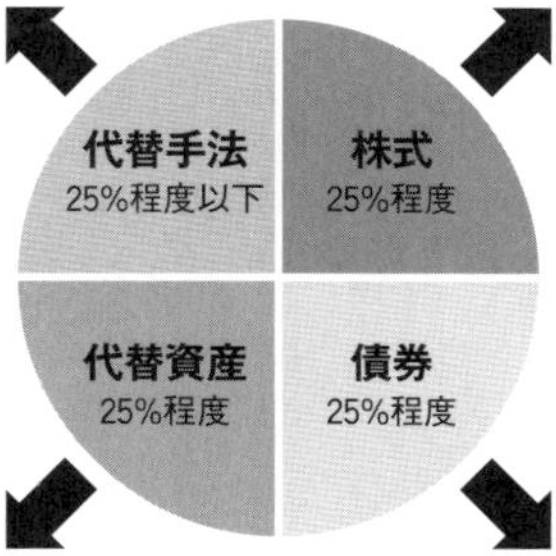

〈参考配分比率〉

資産クラス・種別	比率
不動産	15.0%
商品	10.0%

〈参考配分比率〉

資産クラス・種別	比率
米国債券	2.5%
欧州債券	7.5%
豪州債券	2.5%
ハイ・イールド債券	6.25%
新興国債券	6.25%

（注）資産クラス・種別の分類方法や参考配分比率は、見直される場合がある。

出所：野村アセットマネジメント「ノムラ・オールインワン・ファンド投資信託説明書（交付目論見書）」より著者作成

また、ご自身の資産額に対して不動産が8〜9割を占めているのであれば、このモデルポートフォリオから国内のウェイトを大きく引き下げてもよいでしょう。

このように、図6-6はあくまでベースとして、個別の事情に最適なポートフォリオを模索し、アレンジしていくことが、資産運用のポイントになるのです。

参考までに、ハーバード大やイェール大の運用手法をモデルに、この4等分のポートフォリオを用いて運用されている野村アセットマネジメントの「ノムラ・オールインワン・ファンド」の配分比率を紹介しておきます（図6-7）。この商品は投資信託ですので、一般の方でも1万円から購入できます。ただし、購入時手数料率が3％、また実質信託報酬も2％近くになっているため、お奨めできる商品ではありません。

配分編③ ドルコスト平均法で時間も分散投資する

ポートフォリオの目的は投資先の分散ですが、実際には「時間の分散」もおこなうとベターです。

そのための手法が、定期的に一定額を積み立てていくドルコスト平均法です。たとえば日経平均に連動するインデックスファンドを買うにしても、いきなり100万円を買うのではなく、最初は50万円くらいにして、あとは毎月3万円で買えるだけ買うようにするのです。

マーケットは日々変動します。当然、買ったときより値段が下がっていることもあります。でもドルコスト平均法であれば、その商品が値下がりしたタイミングは、「より多く買い増しできる」ことを意味し、トータルで見たときの平均購入価格も下がっていきます。時間を分散すれば、マーケットのブレを吸収していけるということです。

ちなみに、インターネットで、「インデックスファンドは積み立てができて、ETFは積み立てができない」と書かれている文章を散見しますが、実際にはETFでもできます。証券会社側で「株式累積投資」と呼ばれる購入方法を選べば毎月一定額ずつ買い付けをする仕組みになっているのです。取り扱い銘柄は各社によって差はありますが、基本的にETFでもドルコスト平均法で買い増ししていくことは可能です。

配分編④ 年に1回必ずリバランスを

具体的な金融商品の話に入る前に、大事な点を1つだけ補足します。それはポートフォリオのリバランス（配分の見直し）です。プライベートバンクでは、専門家が定期的に、顧客のポートフォリオのリバランスをおこないます。

この作業も難しそうに聞こえますが、一般の方でも次の手順で簡単にできます。

①自分の保有する運用資産の現状価値をそれぞれ調べる
②外貨建てのものは日本円に換算する
③円グラフ上のポートフォリオを作る（ネット上にある無料ポートフォリオ作成アプリを使うと便利です）
④当初のポートフォリオとの差分を比較する
⑤比重が増えたものは売却し、比重が減ったものは買い増しし、元のポートフォリオの配分に戻す

たったこれだけです。

そのとき、たとえば米国の株式市場が伸びそうだと思ったら、「海外株式」の比重を5％くらい上げて、代わりに他の領域を少しずつ下げるといった調整をしてもいいでしょう。

なぜリバランスが必要なのかというと、正しく分散投資ができていれば、時間が経つにつれて自然とある資産は大きく伸び、ある資産は大きく減るからです。しかし、それを放置していては分散投資の効果が徐々に薄れてきます。「放置しておけば勝手に分散されるのでは

ないか」と思っている人もたまにいますが、それは誤りです。

リバランスは、確定申告に合わせて12月末締めでおこなうといいでしょう。逆に、それ以上頻繁にやると手数料もかさむので、年に1回で十分です。面倒な作業ではあるので、その分、自分なりのルールを決めて機械的に実行することがポイントになります。

また、本気で資産を増やしたいと考えているのであれば、リバランスはしないにしても半年に1回くらいはPLやBSを含めた中間決算を実践してみるといいと思います。もっと真剣に、ということであれば上場企業のように四半期決算でもよいかもしれません。特に資産運用を本格的に始めた人は、BSにだいぶ動きが出るはずなので、新たな発見があることでしょう。

こうした定期的な棚卸し作業は、PDCAでいう検証フェーズに該当します。本来は計画通りに運用できているのか確認しないといけないのに、それを怠り、総合リターンの良し悪しだけで判断してしまうのは危険です。たまたまある銘柄が化けたので収支がプラスになっているだけで、実は全体の戦略としては大外れだったということもあり得る話だからです。

そもそも企業が手間をかけて四半期ごとに財務状況を整理しているのは、計画のズレを早期に発見するためです。個人であってもそうしたズレに早めに気づくことで何かしらの対処ができるようになるはずです。

【コラム】富裕層は何事もリターンとコストで考える

富裕層は、資産運用をしているかどうかにかかわらず、元来、投資発想を身につけている人たちが多いと感じます。よくある、お金の使い道を「投資、消費、浪費」で考えるということももちろんありますが、お金だけではなく時間についてもリターンとコストで考える人が多い印象です。

お金は余剰ができたらどんどん銀行口座にストックしていけますが、時間はストックできないのでなおさらです。非生産的な1日を送ってしまったら、その投資機会は二度と帰ってきません。この発想を当たり前の感覚にできれば、日々の判断基準、行動基準は大きく変わってくるはずです。

自分の時間を最大化するもっともシンプルな方法は、できるだけ自分の手を煩わせないような「仕組み」を考えることです。

家政婦に家事を依頼する。
アイロン掛けが必要なものは全てクリーニングに出す。
外食や出前を頻繁に利用する。
子供の教育は信頼できる学校や家庭教師、ベビーシッターなどに一任する。

習い事をするときは専属のコーチをつける。

これらはいずれも富裕層によく見られる行動パターンです。見方によっては「楽をしたいだけ」と思われるかもしれませんが、多くの富裕層はそのような発想は持っていません。単純に時間価値に応じた損得勘定をした結果です。

自分でやるほうがトータルリターン（それに取り組むことで得られる直接収益からアウトソースのコストを引いたもの）がプラスかマイナスかを考えているだけで、それがプラスになるなら外に任せたほうが効率的と考えるのが富裕層です。

プライベートバンクの存在意義もそこにあります。

特に経営者の富裕層は数字を扱うことに慣れているので、少し金融商品の勉強をすれば自分たちで資産を運用できる人がほとんどです。私も、投資経験がほとんどない顧客に対して複雑な商品の説明をしているときに、リスク要因を的確に指摘されて驚いたことは一度や二度の話ではありません。

でも、そういった優秀な人に限って多忙なのです。

仮に勉強をして、自力で資産運用をして3％の利回りが出せるとしても、プロのプライベートバンクに委託することで6％の利益が出るのであれば、多少の手数料を払ったとしても得だ、と考えるのです。

しかもアウトソースすれば自分の時間が生まれるわけですから、自分にしかできない投資活動（本業など）の時間を増やすことができます。

それに専門分野ほど習得するまでの時間的なコストが高いため、知恵をアウトソースするメリットが大きくなります。それを示すように、米国では、医者と弁護士とファイナンシャルプランナーという3分野の専門家がついていることが成功者の証しのようになっています。

「1億円の壁」を突破しない限り、プライベートバンクは使えません。でも、限りある資源（お金と時間）をいかに最大限に活用するかという思考は誰でも真似できますし、そうした思考に切り替えることが、「1億円の壁」を突破する最速の道ではないかと思うのです。

株・債券投資編❶

グローバルなインデックス投資が基本

「ハーバード流ポートフォリオ」を実践すれば、運用資産の半分は株と債券になります。そして、それだけの株と債券を買うということは、「世界経済が今後も成長していくだろう」

というポジションに賭けることと同義です。
そのポジションを正しい形で取るためには、

- **市場の平均値を狙う＝インデックスに投資する**
- **グローバルに分散させる＝「日本」「先進国」「新興国」の商品を買う**
- **中長期的な視点を持つ＝短期売買をしない**

の3点が重要になります。

◉市場の平均値を狙う

インデックスとは日経平均やダウ平均といった世界の各市場の平均値のこと。そうしたさまざまなインデックスに連動する投資信託のことを「インデックスファンド」といい、その上場型商品のことをＥＴＦ（Exchange Traded Funds）というのです。

結論としては、株も債券もインデックスファンドかＥＴＦを買えばおおまかにはカバーできてしまいます。

たとえば、株式投資を始めるからといって、いきなりソニーの株だけを買ったとすると、運用成績はソニーの業績に大きく左右されてしまいます。日経平均が上昇しているのにソニー株だけ下がっていれば損をします。個別銘柄はうまくいけばリターンも高くなりますが、リスクも高いので、個人投資家はわずかな割合にとどめるほうが無難、というのが一般的なプライベートバンクのスタンスです（個別銘柄については後述します）。

世の中にはファンドマネージャーが独自の判断で、株式なり債券を売買して運用益を目指す「アクティブ運用型」と呼ばれる投資信託がたくさんあります。しかし、低くない手数料が存在するため、実際にはそうした投資信託は、インデックスに連動するインデックスファンドやETFにパフォーマンスで劣るものが大半というデータが出ています。

だとすれば、最初からマーケットの平均値を取りにいくインデックスファンドやETFを買ったほうが合理的な判断といえるのです。

◉グローバルに分散させる

日本人だからといって日本の株式や債券ばかりを買う必要は一切ありません。

いつの時代も好景気に沸く国と不景気にあえぐ国が存在し、それが入れ替わるように世界経済は動いているわけですから、インデックスファンドやETFを買うときの投資先も「日本」「先進国」「新興国」と分散させるのが賢明です。

株式と債券のそれぞれの配分は、以下を参考にしてみてはいかがでしょうか（パーセンテージは運用資産全体に対する割合です。また、あくまでも投資対象の配分ですので、保有する通貨の配分とは別と考えてください）。

株式：日本5％、先進国10％、新興国10％
債券：日本5％、先進国10％、新興国・ハイイールド10％

◉中長期的な視点を持つ

マーケットは上下動を必ず繰り返します。一方的に上がるだけのものや一方的に下がるだけのものはありません。上下動を繰り返しながら、全体としては市場が右肩上がりになっていく、これが世界経済の成長に賭けるという意味です。

投資を始めたばかりの人が、投資信託の価格が気になって暇さえあればチェックしてしまう気持ちはよくわかります。でも、過度に心配するあまり価格が少し下がっただけで反射的に売ってしまうようでは、資産はむしろ目減りしていくだけです。

100年に一度と言われた2008年のリーマンショックの際は、株式も社債も「日本」「先進国」「新興国」の全てで大幅に下落しました（ただし、日本国債や米国債は資金の逃避先として上昇しました）。しかし、その5年後には、図6-8のようにいずれもリーマンショック前を超えるまでに回復したのです。

図6-8 リーマンショックから５年間の株式と債券の動き（2008年９月14日～2013年９月14日）

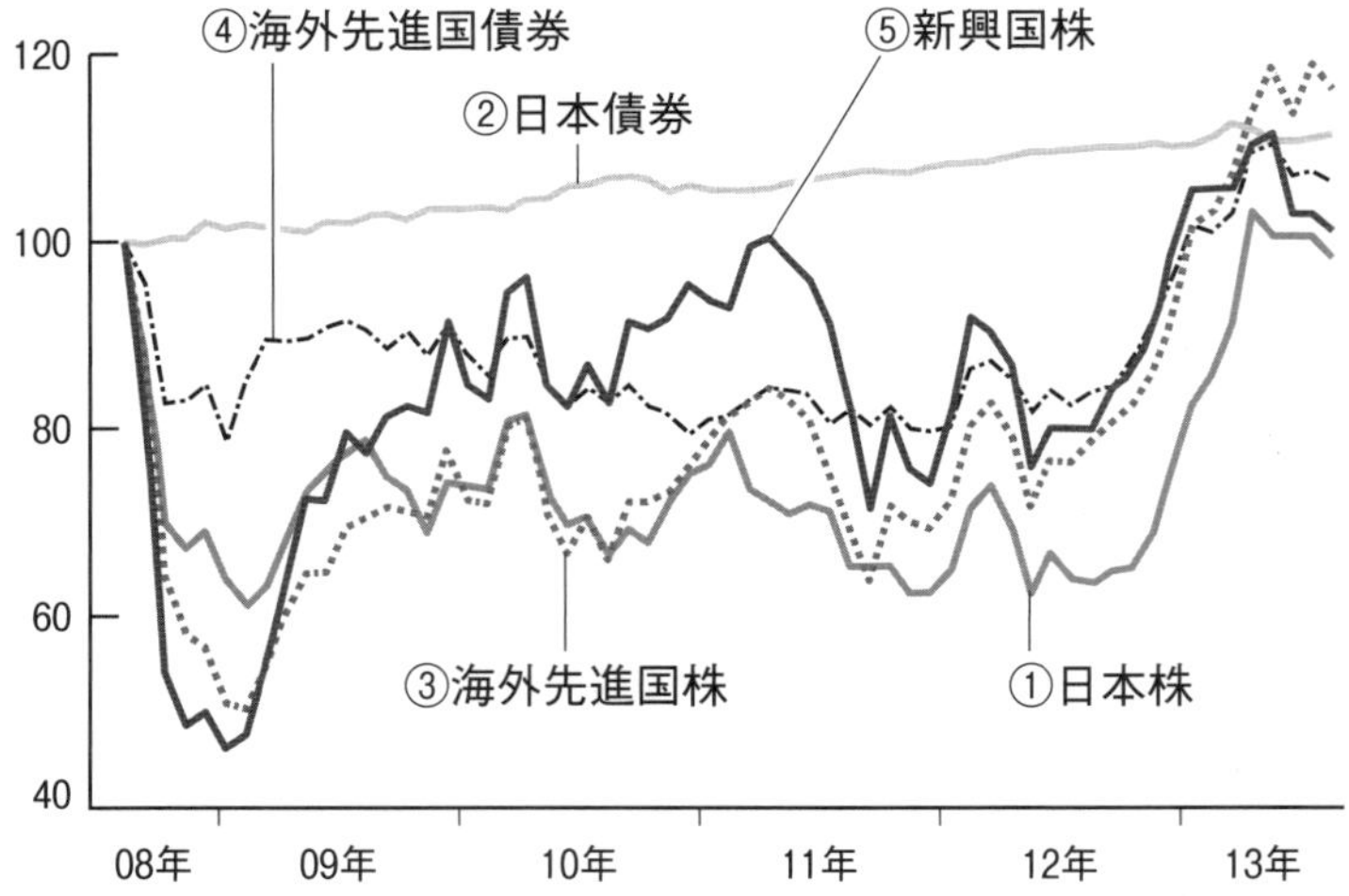

全て円ベースで、リーマンショック前日の2008年９月14日の価格を100としたもの。①は配当込のTOPIX、②はNOMURA-BPI総合、③はMSCIコクサイ、④はシティグループ世界国債、⑤はMSCIエマージング。株式は全て配当込指数。

出所：日本経済新聞ほか資料より著者作成

株・債券投資編❷

インデックスファンドとETF、どちらが得か?

先ほどは触れませんでしたが、インデックスファンドとETFのメリット・デメリットについても触れておきます。

結論からいえば、長期投資にはETFが向いています。インデックスファンドは、たとえば毎月3万円ずつといった金額ベースで買えるので、ドルコスト平均法がしやすいことは事実ですが、金額ベースではなく口数ベースで買うETFであっても一定額を買い続けることはできます。すでに解説したように、証券会社で「株式累積投資」と呼ばれる購入方法を選べばよいのです。その際、単元未満株と呼ばれる、いわゆる端数が出てきてしまいますが、デメリットというほどではありません。

ETFのメリットは、やはりインデックスファンドよりも安い信託報酬です。毎年かかり続けるコストですから、安ければ安いほど長期的にみて有利です。

ただしETFのデメリットは、流動性がとても低い商品がまじっていること。試しに新興国債券ETFのある商品を調べたところ、昼の時点でその日の売買代金が316万円しかありませんでした。売買の合計ですから、その商品を２００万円くらい持っていたら１回では売れないかもしれませんし、かといって小出しに売るとマーケットが崩れる可能性もあります。

また、いずれのケースでも商品を買う際はネット証券が断然安くなります。

株・債券投資編③

プロダクトスペシャリストも使う「モーニングスター」

さて、いざ投資する商品を探すとなると、投資信託やＥＴＦは、その数があまりに多すぎて選びきれないという状況に陥りがちです。

私がプライベートバンク時代、会社の情報端末にアクセスできない際に重宝していたのが、投資信託の情報がきれいに整理された「モーニングスター」というウェブサイト。投資信託の格付けをおこなうモーニングスターが運営しています。

「モーニングスター」は、投資信託（ＥＴＦも含む）に関するデータベースとしては圧倒的な存在です。金融機関のプロが使う端末にも情報が配信されているくらいで、一般の人でもそのデータの大元を参照できるのです。

格付け会社ですから商品ごとのリスクなども数値化されていますし、２つの商品の過去の運用実績のグラフを重ね合わせるといったこともできます。また細かいフィルタリングも掛けられるので、私は前職時代からヘビーユーザーです。

このサイトに掲載されている商品は、基本的に一般個人でも購入できます。同サイトで検索できる商品には取り扱いをしている証券会社の一覧のリンクが貼ってあるので、ほしいと思ったらその証券会社で口座を開設すればいいだけ。以前は日本の商品しか掲載していませんでしたが、数年前より外国の投資信託のデータも掲載されるようになり、さらに使い勝手が良くなりました。

プライベートバンクの顧客は、目利きのプロであるプロダクトスペシャリストが導き出した候補のなかから金融商品を選ぶスタイルが一般的です。アパレルでいえばセレクトショップのようなもの。その点、モーニングスターは国内の投資信託についてはほぼ網羅している巨大なショッピングモールのようなイメージです。

お目当てのものを見つけるまでには多少の時間がかかるかもしれませんが、自分で商品を探す楽しみを味わうのも悪くありません。

株・債券投資編④

テンバーガーを自前で探す方法

個別銘柄の話もしておきましょう。

大前提として、投資初心者が頻繁に個別銘柄の売買をして儲けを出すことは非常に難しいと言わざるを得ません。よって株式の個別銘柄を保有する際の位置付けとしては、ポートフォリオの中軸に置くのではなく、「当たったら大きい株」をスパイス的に持っておくくらいにとどめるのがよいと思います。

たとえば、クックパッドやモノタロウが上場したときの時価総額は100億円程度でしたが、それがどちらも最大で時価総額3000億円を超えるまでに成長しました。

プライベートバンクの場合は、上場前のベンチャーキャピタルへの出資が可能ですが、それをしなくても成長株を見つけることができれば、ベンチャー投資のようなことができるのです。

しかし、プロでもない限り自力で未来予測をして、成長しそうな会社や産業を見つけるのは大変です。だとすれば、「他のプロ」がおこなった未来予測を参考にしてみるのはいかがでしょうか。

オススメはＩＴ分野の調査とコンサルティングをおこなうガートナーが毎年発表している「先進テクノロジのハイプ・サイクル」です。インターネットで検索すればいくらでも出てくる情報ですが、金融機関のアナリストなども予測の参考にしています。図6-9に2012年度版と2016年度版を用意しました。

一例として「自律走行車」技術を見てみると、2012年版では黎明期のカーブに乗った段階です。「これからブームが来ますよ」という意味です。そして2016年では「過度な期待」のピーク期を超えています。これは単なるバズワードの領域を超えて、実用化のフェーズに移行しているということを意味しています。

さて、自律走行車を可能にするためには人工知能が必要です。2016年の「過度な期待」のピークにプロットされている「機械学習」がそれにあたります。

そして「機械学習」の急速な発展を後押ししたのがＧＰＵと呼ばれる、本来はコンピュータグラフィックス処理のために生まれた演算装置。そのＧＰＵのトップシェアを誇るのが米国のＮＶＩＤＩＡという半導体メーカーです。

こうした事実を事前に知っていれば、次のような予測ができるはずです。

「世界中の車が自律走行するようになるなら、あらゆる車に人工知能が搭載されるということだ。それならＮＶＩＤＩＡの売上は爆発的に伸びるかもしれない」

そうした期待があって、ＮＡＳＤＡＱに上場している同社の株価は2012年には11ドル

図6-9 ガートナー先進テクノロジのハイプ・サイクル

[2012年]

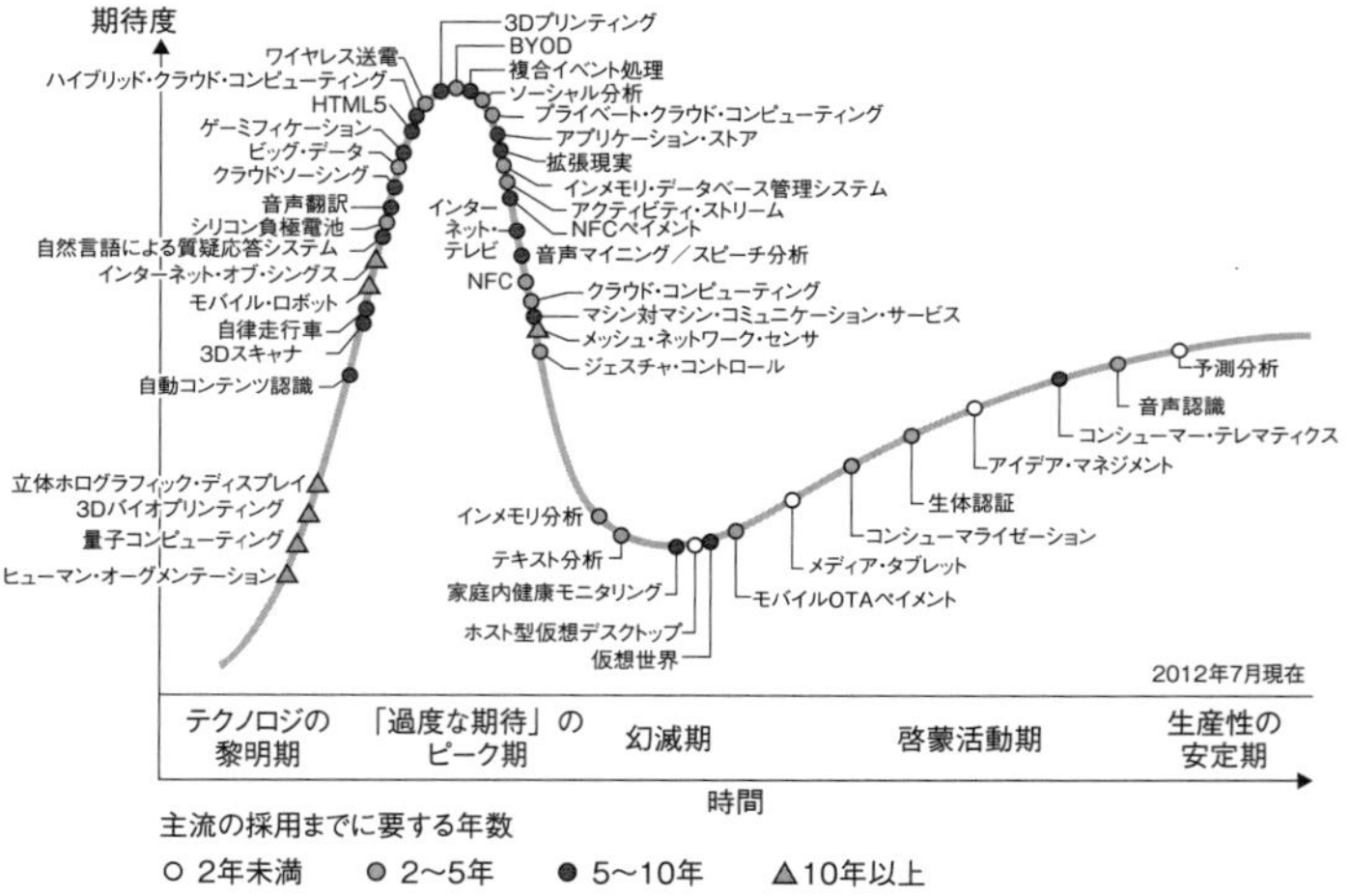

[2016年]

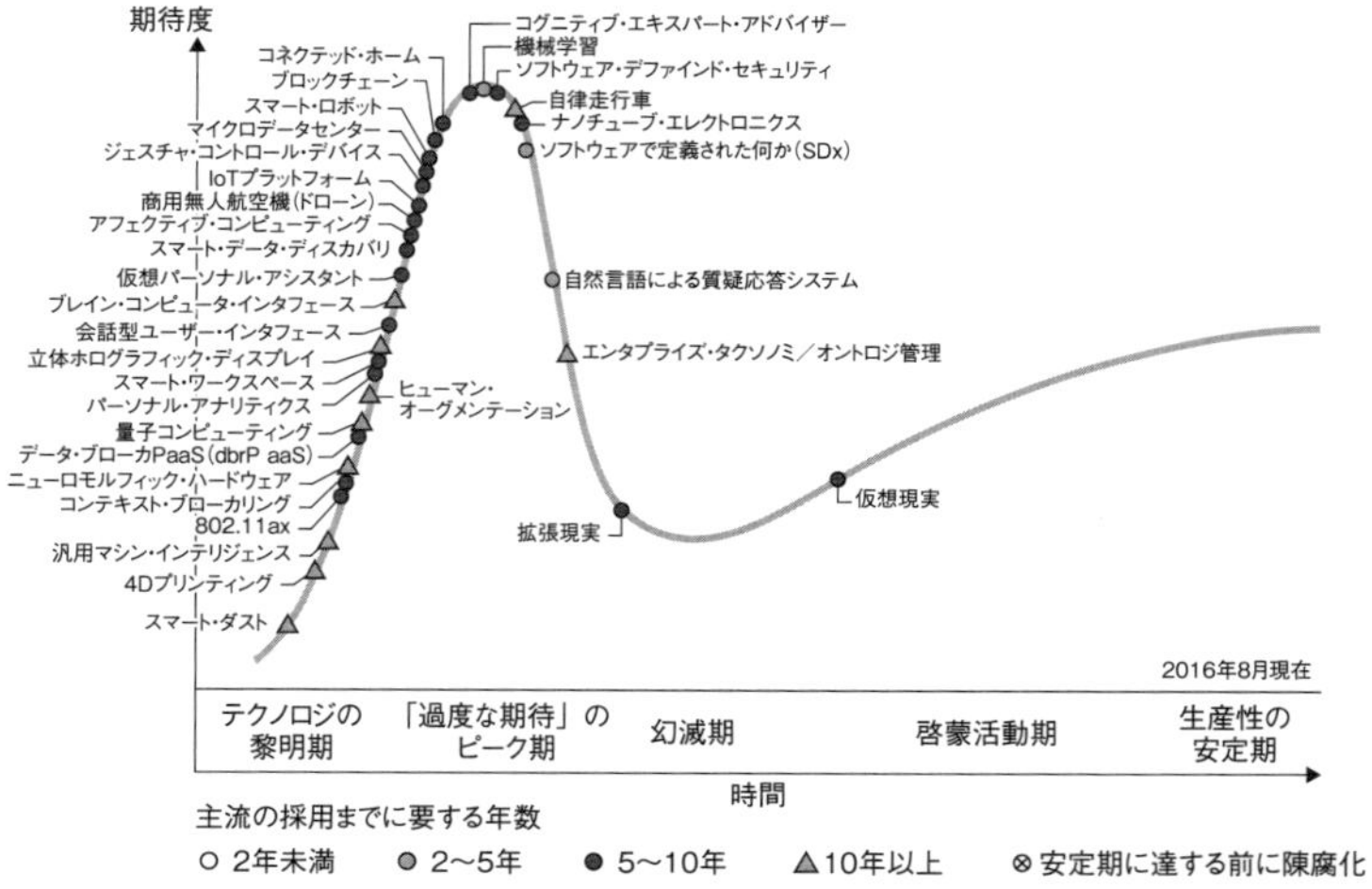

台であったものが、2017年には110ドル台まで上昇。テンバーガーの仲間入りをしました。

私が証券の営業をしていた10年前、顧客からみた営業マンの価値は「持っている情報」ではかられることがよくありました。だから私も隙間時間を見つけては、顧客（主に経営者）に有益と思われる情報を集めてレポートを書いたりしていたものです。

でも今ではネットにあがる情報は格段に増加し、大半の情報は自分で調べようと思えば調べられます。もちろん、その情報をどう分析してどう資産運用に活用するかは、プロに頼むほうが有利ですが、情報だけなら個人でも努力次第でカバーできるのです。今後必要とされそうなテクノロジーや資源をキーワードに日頃から目を光らせ、成長しそうな銘柄を探してみるのも面白いでしょう。

また、ご自身が得意な産業であれば、「感覚」に頼ることも大事だと思います。たとえば、私の場合は学生時代にＩＴで起業を経験し、今はフィンテック企業を経営しているので、同業者で「この会社はそろそろ次のステージに行きそうだな」といったことが感覚的にわかるようになってきました。

何もプレスリリースなどを頼りにする必要はなく、「最近、その会社のいい噂をよく聞く」「喫茶店でそのサービスについて噂をしている人がいた」「（アプリであれば）ダウンロードランキングに顔を出してきた」といったことでも十分に参考になります。

むしろ、急成長が確信できる状態まで待っていたら、その間に値上がりしてしまうわけですから、あくまでも「最悪なくなってもいい」と思える範囲で投資してみる。それが個別銘柄への投資の正しいスタンスなのです。

なお個別銘柄を損切りする場合は、長期投資のスタンスであっても、その目安は**20～30％**くらいが妥当でしょう（短期、中期であれば**10～20％**が目安）。そうやって基準を定め、その範囲内に収まっている限りはチャートの上下に一喜一憂しないことが、資産運用的にも、精神衛生的にも合理的だと思います。

株・債券投資編⑤

ＩＰＯ株が欲しいならネット証券が狙い目

もう1つ「当たれば大きい株」といえば、ＩＰＯ株があります。証券系プライベートバンクの顧客であれば優先的に買える人気商品ではあるものの、一般抽選に回ってくる配分は決して多くありません。

図6-10 証券会社の2016年IPO引き受け主幹事実績

証券会社	野村證券	みずほ証券	大和証券	SBI証券	SMBC日興証券	東海東京証券	いちよし証券	SMBCフレンド証券
主幹事引受数	18	18	15	13	12	5	1	1

（注）上記以外の証券会社は2016年の主幹事引受はなし
出所：会社四季報ONLINEより著者作成

しかし、その抽選確率を上げるコツが2つあります。

◉複数の証券会社に申し込む

まずは複数の証券会社に口座を開設して、それぞれの抽選に応募することです。どの証券会社がそのＩＰＯ銘柄を扱っているかは企業のＩＰＯ情報に記載されます。

所詮は確率の世界なので、複数応募したほうが当選確率は上がります。ただし、大半の証券会社では抽選に参加するために事前にその購入資金を預け入れる必要があるため（完全前受制）、抽選に参加できる数は手持ちの投資資金の額に影響されます。

ただし、岡三オンライン証券のように当選が決まった後に購入代金を振り込むことを是とする太っ腹の証券会社もあります。

◉ネット証券を狙う

どの証券会社がＩＰＯ株を売り出すのかは、上場する会社が決めることです。大型案件であれば大抵、主幹事が2社選ばれ、それ以外に販売を委託される委託幹事が複数選ばれます。

主幹事と委託幹事では割り当てられる株数がまったく違い、主幹事の証券会社が全体の8割を割り当てられることが通例です。その残りを複数の委託幹事が販売するのです。よって、抽選に参加するのであれば主幹事の証券会社を真っ先に押さえるのが基本です。

もし主幹事がネット証券なら、個人投資家としてはラッキーです。なぜなら、店頭販売をしないネット証券なら割り当てられるＩＰＯ株をそのまま抽選に出してくれるからです。仮に主幹事がネット証券ではない場合でも、委託幹事にネット証券があれば狙う価値はあります。

たとえば、主幹事の常連であるＳＭＢＣ日興証券の場合、ネットに配分される割合は10％しかありません。でも、ＳＢＩ証券の場合は１００％です。ちなみにＳＢＩはその内の30％については、抽選に外れるたびにポイントが加算されていく「ＩＰＯチャレンジポイント」順に割り当てる仕組みをとっています。

最近では、ＳＢＩ証券を中心にネット証券も主幹事の引き受け部門を強化しています。また企業も多くの個人投資家に株を持ってほしいという思惑があるため、ネット証券を主幹事に使うケースが増えています。この「思惑」の理由は主に2つで、１つは小口でいろいろな人に自社の株を持ってもらうことでファンを増やしたいという意図があります。また、特定の大口の投資家に依存すると、その投資家が売却する際のリスクが大きく株価の上下動が激しくなるので、株主を分散させることで、それを防ぎたいというねらいもあります。

主幹事の件数が多い証券会社といえば、野村證券、みずほ証券、大和証券、ＳＭＢＣ日興証券が4強で、２０１６年にはＳＢＩ証券がその4強に食い込んでいます。また、委託幹事を含めた引き受け件数では、近年はＳＢＩ証券が日本一の座をキープしています。

株・債券投資編⑥ 投資信託で買える「ＣｏＣｏ債」

利回りの高いハイブリッド型証券として、プライベートバンク業界で話題の「ＣｏＣｏ債」を第5章で紹介しました。

実は投資信託という形で、日興アセットマネジメントが「グローバルＣｏＣｏ債ファンド」という商品を売り出しています。投資先は世界の大手銀行が中心で、79％がヨーロッパ、17％がアメリカで、日本の銀行は3％（２０１６年2月時点）。よってジャンルとしては先進国債券に分類されます。また、同じく日興アセットマネジメントが出している「グローバル・ハイブリッド・プレミア」やＳＢＩアセットマネジメントが出す「ピムコ世界金融ハイブリッド証券戦略ファンド」は、劣後債やＣｏＣｏ債といったハイブリッド証券に投資する商品です。

そもそもＣｏＣｏ債が人気化している背景には、金融機関の台所事情といった「今だからこその」時期的な理由もあります。

バーゼルⅢへ移行する２０１９年に向けて、金融機関のＣｏＣｏ債の発行は伸びそうな一方で、２０１９年が近づけば資本増強は十二分になると思われます。そうなると発行が減少し、また高利回りでの資金調達の必要がなくなるため、利回りが落ち着いていく可能性が高いと予想されています。結果、（利回りが下がると債券単価は上昇するため）値上がりの期待もあると見られているのです。

また、いま紹介したような商品の上位に組み入れられているのは各国でも知名度が高い金融機関ばかりなので、比較的安心感があるのもＣｏＣｏ債の人気の一因でしょう。

【コラム】完全に投資発想でおこなわれる子供の教育

「家族への承継」といったとき、多くの人は資産の承継だけを想像するかもしれませんが、富裕層にとってもっとも重要なのは、家族に対する「お金を生み出す（守る）力」の承継です。そこが不十分だと、世代が進むにつれ資産が半減していき、3代もすれば一庶民に戻る可能性が大いにあるからです。

だからこそ、富裕層は子供の教育に対して大きな投資を惜しみません。

電通とハースト婦人画報社がおこなった富裕層の女性に対する意識調査（http://

dentsu-ho.com/articles/2695）によると、教育にお金を惜しまないと答えた人の割合は一般女性が45％だったのに対して、富裕層は74・8％もあったそうです。

幼稚園からの「お受験」は当たり前で、習い事も最高の先生を探しますし、最近では海外で教育を受けさせてグローバルな人材に育てようと考える富裕層が増えています。

たとえば世界の富裕層に人気のスイスのボーディングスクール（全寮制の中高）は年間の学費が1000万円前後（年間です！）。12〜18歳まで通わせる学校が多いので、それだけで7000万円。そこからさらにイギリスや米国の名門大学に入り、大学院にも進むと考えると教育費だけで1億円は超えるでしょう。

また最近では、教育熱心な富裕層にはシンガポールも人気で、世界屈指の投資家として名高いジム・ロジャーズは家族でシンガポールに移住し、中国人のメイドをつけ、子供たちに中国語を身につけさせています。

ちなみにシンガポールに移住する富裕層が子供を通わせる学校として人気なのは、スタンフォード・アメリカン・インターナショナルスクール。また2012年にはお隣のジョホールバル（マレーシア）に、英国キャサリン妃の母校でもあるマルボロカレッジが分校を開き、本国と同等の教育を受けさせることができるということで富裕層に人気です。この学校に子供を入れるためにわざわざ移住する日本人もいるほどです。

そういった学校で世界の富裕層と人脈を作り、バランスの取れた国際感覚を身につけ、さらに日本では受けられない紳士淑女の教育も受けさせることは、結果として子供に中長期での「お金を生み出す（守る）力」を身につけさせることになります。

こうした教育方針は完全に投資発想でもあり、その根底にあるのは人自体が「ヒューマンキャピタル」、すなわち「人財」であって、一族で見たとき、将来リターンとして返ってくるということです。企業のバランスシートに無形資産としてソフトウェアが計上されるように、一族のバランスシートに、将来お金を生み出す「知恵」や「人脈」といった無形資産が計上されていくと考えるとわかりやすいかもしれません。

しかも、こうした人財への投資は親が支払うわけですから、贈与税も相続税もかかりません。子供に蓄えられた無形資産に対しても税金がかかることは当然ありません。プライベートバンカー時代に「頭には税金はかけられませんからね」と談笑したことを思い出します。

このように、富裕層の教育とは、実質非課税の、親から子へのバランスシートの移転のようなものなのです。

オルタナティブ投資編①

間接的にPEファンドに出資できる「未公開株ETF」

オルタナティブ投資についても見ていきましょう。まずはPEファンドへの投資です。ハイリスクながらもハイリターンが狙えて、しかも大口の投資家しか出資できないのがPEファンドでした。一般の個人投資家には関係のない話のように思われがちですが、実は、間接的に投資できる手段があるのです。

通称、未公開株ETFと呼ばれているもので、正式な商品名は「iシェアーズ上場プライベート・エクイティUCI（IPRV）」。

少しややこしいですが「上場しているPEファンドの株の動きに連動するように運用されているETF」で、ブラックストーンのような最大手を含む、世界中の投資会社の株を組み入れています（実際には「S&P上場プライベート・エクイティ・インデックス」に連動させています）。

そもそも未公開株への投資は常に倒産リスクが付きまといますし、そのなかで本当に大化けするのはごくわずかにすぎません。だからこそ未公開株への投資をするときも分散させることが重要なのですが、そういう意味では、「複数の未公開株に投資する会社」を何社も組み入れているこの商品は、最初からリスク分散がされているといっていいのです。

しかも、ETFなので小口で買うことができる商品です。上場しているETFなので、おそらく他の大手証券でも買えるはずです。

またVCファンドの代替になりうる投資信託もあります。たとえば「日興グローイング・ベンチャーファンド」という商品は、株式市場に公開後5年未満の高成長新興企業へ投資する投資信託です。過去3年の利回りが20％近くで運用されているとてもパフォーマンスの高い商品です。

先ほど紹介したモーニングスターの商品検索キーワードで「ベンチャー」と入れればいくつか商品が出てきますので参考にしてみてください。

オルタナティブ投資編❷

ついに登場した「ヘッジファンド型ETF」

ハーバード大学のポートフォリオでは14％を占める絶対収益型商品、ヘッジファンド。いかにもプロ向けの商品ですが、実はこちらも投資信託で買えます。

先ほど紹介したモーニングスターで実際に検索してみましょう。まずページの右上にある「詳細条件でファンドを検索」をクリック。カテゴリーを選ぶ選択肢のなかから「ヘッジファンド」を選ぶと、86件出てきました（2017年8月現在）。

参考までに、一番上に出てきた「スパークス・日本株・ロング・ショート・プラス」について簡単に見ておきます。

これはスパークス・アセット・マネジメントという運用会社のファンドマネージャーが、日本株だけをロング・ショート戦略で運用している商品です。過去5年のトータルリターンは16・68％。この商品についてはSBI証券と楽天証券のネット証券2社で購入できます。投資信託ですので1口1万円から。人気商品のため基準価格は1万8000円近くまで値上がりしています。


ヘッジファンド型の投資信託を買うときの注意点は、高めの手数料です。たとえば先ほどの「スパークス・日本株・ロング・ショート・プラス」の購入時手数料率（税込）は3・24％と、3％を超えています。ただ、その分、高い利回りを狙えるという理解で最終判断をするとよいでしょう。

そして2017年3月には日興アセットマネジメントから、日本株を対象としたロング・ショート戦略で運用するETFが登場しました。商品名は「上場インデックスファンドMSCI日本株高配当低ボラティリティ（βヘッジ）」。

商品名だけではヘッジファンド的なのかどうかはすぐにわかりませんが、この商品が運用指標にしているのが、同社が独自に開発した「カスタムロングショート戦略85%＋円キャッシュ15%指数」。つまり、運用資産の85%は、ロング・ショートで運用するヘッジファンドと同じような成績を目指すという意味です。

まだ認知度が低いのか、執筆時現在では流動性が低いようですが、今後はこのようなヘッジファンド型のＥＴＦが増えていくと予想しています。

オルタナティブ投資編❸

小口化が進む「仕組債」

かつて、仕組債といえば私募で、なおかつロットが5000万円または1億円単位の商品が中心ゆえに、一般の人には無縁の存在でした。しかし、2008年の金融危機以降、50万円や100万円で買える商品も出てきました。

たとえば、2013年に野村證券が組成した「ノルウェー地方金融公社2017年7月満期ＥＴＦ償還条項付円建債券（早期償還条項付）」。こちらは1口100万円からで、りそな銀行で発売されていました。もしくはスウェーデン輸出信用銀行が発行している「デジタルクーポン円建債券」。こちらはＳＢＩ証券で50万円から購入できます。

ただし個人向けの仕組債については、その複雑さから、**よほどの余剰資金でなければ投資**

はお奨めしません。

繰り返しになりますが、仕組債は「オプションやスワップなどのデリバティブが付与された債券」のことで、「早期償還条項付（トリガー）」や「ノックイン」や「クーポン」という言葉がそのデリバティブから生じるものに該当します。個人向けで最も発行されているのは、日経リンク債またはＥＢ債といったものです。

仕組債は売り出し期間が決まっていて、50万円や１００万円単位など小口の場合、それを締め切ったあとは購入できない商品がほとんどです。ただし、売却は相対のため条件は少し悪くなりますが、可能です。

実際に、仕組債が投資戦略上で効果を発揮する局面もあります。たとえば、先ほど紹介した日経平均などに連動する商品でいえば、市場がノックイン価格まで大幅下落せずに、かつ日経平均がスタート時よりも下落していたケースにおいては、マイナスになるリスクをヘッジし、かつクーポン分がプラスになります。これは典型的な仕組債が効果を発揮した例です。

しかし、そうでない2つのケースにおいては、大きな「実質的な損失」または「機会損失」が起こります。

「実質的な損失」はノックインした場合に生じるのでわかりやすいものです。しかし、「機会損失」は見逃しがちです。つまり、トリガーがかかるくらい上昇をした場合には元の金額で償還されてしまうわけですから、純粋に日経平均に連動する何かを購入していたほうがリターンは大きかったということになります。クーポンを含め好条件が出るときというのは、市場のボラティリティ（価格変動性）が高まっているときでもあり、好条件＝チャンスだと容易に考えてはいけないことも付け加えておきます。

多くの金融マンが裏側の仕組みを理解しないまま世の中に広めているのが仕組債の実際ですので、顧客としてはぜひ理解しておきたい部分です。証券訴訟が多いのもこの仕組債であることを付け加えておきます。

オルタナティブ投資編④

不動産投資のまったく新しい選択肢

いくら分散投資のために不動産をポートフォリオに含んだほうがいいといっても、一般の人が実際の投資用物件を買うハードルは相当高いはずです。

マイホームのローンを抱えている人は融資の与信枠をすでに使っている可能性も高いでしょうし、融資がおりても他に主だった資産がないならポートフォリオのほとんどが不動産になるので「分散」になりません。

また、金利上昇でローンを払えなくなったら、資産が没収されて債務だけが残る最悪の事態になりかねないのが不動産投資の真の怖さです（マイホーム購入も同じですが）。

そんな不動産投資を気軽におこなえる代替案が、現在3つあります。

◉REIT

REIT（リート）はReal Estate Investment Trustの略で、投資信託の一種です。日本の法律に則り日本の不動産を扱っているREITのことをJ-REITといいます。

通常の投資信託は、投資家から集めたお金を使ってさまざまな株や債券を買い、その運用益を投資家に分配します。REITの場合はその株や債券が、オフィスビルやマンション、商業・物流施設に置き換わったもの。REITが金融商品と不動産投資の中間的な存在といわれるのはそのためです。2014年の日本ヘルスケア投資法人の上場を皮切りに、この数年は老人ホームなどヘルスケア関連施設を投資対象とするREITも話題を呼びました。

1口数十万円のものがほとんどですが、安いものですと数万円で買うことができる商品もあります。海外のREITもあるため、一般の人でも気軽に海外不動産に分散投資することができるのも魅力です。

とくに世界中の不動産物件に投資をするグローバルREIT関連の商品は、最近まで投資信託の「利回りランキング」や「純資産残高増加率ランキング」の上位に必ず複数見かけた人気商品。それだけ安定して高い利回りが出て、なおかつ流動性が高いということです。

J－REITの分配金は執筆時現在、3～5％の商品が多く、株や債券の投資信託より高めです。

実際の不動産投資の利回りは、都心で3～5％くらい、地方で7～10％くらい。さらに所得税対策に使われる減価償却を取ることができないことも加味すれば、少し低めですが、その分REITは、

①流動性が高いのですぐに現金化できる（その代わり値段は上下しやすい）
②複数の物件を扱うので空室や災害リスクを分散できる
③投資法人は大手デベロッパーが中心なので倒産リスクが低い

といったメリットがあります。

◉不動産クラウドファンディング

REITが大量の出資者を集めて大量の物件を買うのに対し、限られた出資者で限られた物件を買うのが、最近、不動産テックの分野としても注目を集め、件数が増えている不動産クラウドファンディングです。

REITとの主な違いは、金融商品ではないため一定期間売却できないという制約があるなど流動性が低いこと。1口数万～10万円で買える商品がほとんどであること。分配金は5％前後とREITよりは少し高めであること。オフィスやマンションの1棟買いが主体なの

で、空室や災害リスクの分散はＲＥＩＴほど期待できないことです。

◉アセットシェアリング

最近、ジワジワと注目を集めている不動産投資の新しい形態が、アセットシェアリング（不動産共同所有システム）です。

考え方は不動産クラウドファンディングに似ていて、一等地の商業ビルなど一般の人には手が出しづらい物件を、共同出資で１棟買いするというもの。たとえば青山財産ネットワークスが提供するアドバンテージクラブの場合は１口１０００万円、インテリックスという会社は５００万円からという価格設定で売り出しています。

こうした出資形態は実は昔からあり、一部の富裕層などには税理士経由で斡旋されたりしていましたが、最近はその小口化が始まっている状況です。

まだまだ高いと感じられるかもしれませんが、私が思うにこのアセットシェアリングの最大の価値は、たとえ小口であっても「不動産資産」として計上できることです。

相続税対策として不動産を大量に購入する富裕層が多いとお伝えした通り、不動産はその流動性の低さから、実勢価格と相続税評価額の乖離が大きい資産であり、その他、賃家建付地の評価減、小規模宅地の評価減なども適用されます。

それと同じ資産圧縮効果を５００万円からできるということで、これはＲＥＩＴや不動産クラウドファンディングにはない魅力です。

なお、小口化商品であり、新しい形の商品ですから、今後、建て替えが必要になったときに混乱が起きないのか、また運営会社に万が一のことが起きたときにどうなるのかといった懸念が残ることは付け加えておきます。

オルタナティブ投資編⑤
純金すらETFで買える時代に

原油、ガソリン、金、プラチナ、トウモロコシ、大豆などの「商品」を対象に投資をおこなうことをコモディティ投資といいます。

一般の人には馴染みがないと思いますが、金融マーケットとは異なる値動きをするケースが多いためにリスク分散商品として根強い人気があり、個人であってもポートフォリオを健全化したいのであれば少しくらいは保有しておくとよい商品です。

かつてコモディティは商品先物市場といったプロしか参加できないマーケットでしか扱われませんでしたが、今は各種コモディティもETF化されているので、ネット証券などで口座を開設していれば誰でも買うことができます。

とはいえ、あまり細かく商品を買うのも面倒だと思いますので、次の3つを押さえておけば十分でしょう。

・金ETF
・原油ETF
・コモディティ分散型ETF

最初の純金については、現物を買って家の金庫で保管しておくようなイメージが強いかもしれませんが、実は株を買うような感覚でETFとして1口数千円で購入できます（ただし、現物の純金同様、利回りは出ません）。しかも、ETFとして購入したものを後から現物の金に交換することができる、三菱UFJ信託銀行の「金の果実」シリーズという商品も存在します。

原油ETFは、WTIなどの原油の価格を表す指数に連動する形で運用されています。個人がポートフォリオに組み込むことはもちろん、原油価格が上昇するとコストが増加する運送会社やタクシー会社などが保有することでコスト上昇と相殺するヘッジ商品のように使われることもあります。

3つ目の分散型とは、あらかじめさまざまなコモディティを組み入れたもの。たとえば、東証に上場している「EASY商品」という略称のETFを買えば、「銅、天然ガス、金、

ＷＴＩ原油、アルミニウム」に分散投資することができます。

こうしたコモディティＥＴＦは、商品によっては流動性が極めて低い商品もまじっているので注意が必要です。商品を購入する際は当日の出来高（取引された合計株数）をチェックして、それなりに活発に動いている商品を選ぶことをお勧めします。

おわりに

先日、実家に帰省して自分の会社の近況報告などをしていたときに、母親から印象的なことを言われました。

「あんたはどんな道を歩んだとしても、きっと起業していただろうね。なるべくしてなったんだんよ」と。

一瞬、何のことかと思いましたが、すぐに納得しました。

私の父はもともと商売人で、母方の実家も農家なので自営業です。その両方を手伝って育ったためか、私は子供のころから、自らの努力で結果を追求することが当たり前だと思う性格の持ち主でした。

学生時代はプロサッカー選手を目指してトレーニングに励み、怪我で夢を断念した後は学生起業に熱中しました。野村證券に入社した後も安住するつもりはまったくなく、日本一の営業マンを目指してＰＤＣＡを回し続ける毎日を送りました。

そうした過去が多少違ったとしても、自分は今の会社を立ち上げていただろうかと考えてみると、たしかに母の言葉のとおりだろうな、と思ったのです。

「なるべくしてなる」とは、マインドの次元の話です。

本書を通して、富裕層の実態や「1億円の壁」の存在、そしてその壁を自力で壊す方法を、ある程度お伝えすることができたと思います。でも同時に忘れてはならないのは、「1億円の壁」の向こう側にいる富裕層の多くは、富裕層になるべくしてなるマインドの持ち主であるということです。

自身でビジネスや病院を起こして財を成した人はもちろん、代々続く相続型の富裕層の人も、多くは、資産を守るに足る見識と能力、何よりも気概を持っているのです。

そう考えると、実は「1億円の壁」というものは、どのような金融商品を買うかといった表面的な差だけではなく、むしろマインドの差がその本質になっているのではないかと感じるのです。

しかし、マインドというくらいですから、日々の心掛け次第で考え方は変えられます。本書で紹介した「ギブ&ギブの精神」や「投資発想」そして「長期的な視点」。こうしたものを毎日意識していれば、仮にいま停滞感を覚えている人であっても、少しずつ状況が好転していくはずです。

まずは、その最初の好転を感じることが重要ではないでしょうか。孫正義氏が築いた2兆円の資産も、最初は小さなみかん箱から始まったのですから。

とはいえ、今の私の使命の1つは、この「1億円の壁」を少しでも低くすることです。金融や投資の世界には歪《いびつ》な情報格差が存在していて、それが人々の投資への挑戦、ひいては幸福な人生の障害になっているのではないか、と昔から感じていました。私が野村證券を退職して「ZUU online」という資産運用や資産管理の専門サイトを立ち上げたのも、そうした情報格差をなくして社会をもっと熱くさせたいという思いがあったからです。

本書もまさに同じ思いから、できる限り多くの人に、「そんな方法があるんだ」という発見と、「自分もやってみようかな」と思ってもらえるきっかけを提供するためにまとめたものです。その願いのとおり、この本が少しでも格差の解消に役立ち、皆さんの背中を押すことができたなら、著者冥利に尽きます。

私が経営するZUUでは、これまでも「ZUU online」というサイトを通じて、世の中の金融リテラシーの向上に努めてきました。今後、メディア事業の枠を超えて、さらに「1億円の壁」を壊すことに邁進するつもりです。その過程でも、また皆さんのお役に立てることを願っております。

2017年8月　冨田和成

［著者］
冨田和成（とみた・かずまさ）
株式会社ZUU 代表取締役社長 兼 CEO。
1982年生まれ。神奈川県出身。一橋大学経済学部卒。大学在学中にIT分野にて起業。卒業後、野村證券にて数々の営業記録を樹立し、最年少で本社の超富裕層向けプライベートバンク部門に異動。その後、シンガポールでのビジネススクール留学を経て、タイにてASEAN地域の経営戦略を担当。
2013年、「世界中の誰もが全力で夢に挑戦できる世界を創る」ことをミッションとして株式会社ZUUを設立。FinTech企業の一角として、月間250万人を集める金融メディア「ZUU online」や、主要なピッチコンテストでも受賞歴のある投資判断ツール「ZUU Signals」で注目を集める。これまでにシリコンバレーのベンチャーキャピタルを含む総額5.5億円の資金調達を行なう。過去にGoogleやFacebookも受賞した世界で最も革新的なテクノロジーベンチャーアワード『Red Herring Asia Top 100 Winners』受賞。最近は金融機関のFinTech推進コンサルティングやデジタルマーケティング支援なども行ない、リテール金融のIT化を推進している。著書に『大富豪が実践しているお金の哲学』、『鬼速PDCA』（ともにクロスメディア・パブリッシング）がある。

プライベートバンクは、富裕層に何を教えているのか？
——その投資法と思想の本質

2017年9月13日　第1刷発行
2024年4月19日　第4刷発行

著　者——冨田和成
発行所——ダイヤモンド社
〒150-8409　東京都渋谷区神宮前6-12-17
https://www.diamond.co.jp/
電話／03·5778·7233（編集）　03·5778·7240（販売）
装丁・目次デザイン—小口翔平＋三森健太（tobufune）
本文ＤＴＰ—一企画
校正————鷗来堂、三森由紀子
製作進行——ダイヤモンド・グラフィック社
印刷————加藤文明社
製本————ブックアート
執筆協力——郷和貴
編集担当——横田大樹

ISBN 978-4-478-10328-9